Erin Brockovich
mit Marc Eliot

Gib niemals auf!

Den Opfern von Hinkley,
die mich inspiriert haben
und für mich zu Helden wurden.

Erin Brockovich
mit Marc Eliot

Gib niemals auf!

So gewinnen Sie die kleinen
und großen Kämpfe des Lebens

Aus dem Amerikanischen
übersetzt von Sabine Schilasky

Die Deutsche Bibliothek – CIP-Einheitsaufnahme

Brockovich, Erin:
Gib niemals auf! : So gewinnen Sie die kleinen und großen
Kämpfe des Lebens / Erin Brockovich mit Marc Eliot.
Aus dem Amerikan. übers. von Sabine Schilasky. –
Landsberg ; München : mvg, 2002
   Einheitssacht.: Take it from me <dt.>
   ISBN 3-478-74260-9

Titel der amerikanischen Originalausgabe: „Take it from me: Life is a
struggle but you can win"

Aus dem Amerikanischen übersetzt von Sabine Schilasky.

Umschlaggestaltung: Vierthaler & Braun, München
Umschlagphoto: © Roman Salicki
Satz: Fotosatz H. Buck, Kumhausen
Druck- und Bindearbeiten: Himmer GmbH, Augsburg
Printed in Germany 74260/020201
ISBN 3-478-74260-9

Inhalt

Teil 1:

Vor Hinkley und
nach dem Film

1.

Ich bin die echte Erin Brockovich, und mein Leben ist kein großes Kinomärchen

Glauben Sie mir: Ich habe noch nie etwas Seltsameres und zugleich Wunderbareres erlebt, als mich selbst in idealisierter Form in einem Kinofilm zu sehen. Es ist ein wenig befremdlich, wenn ein Film den eigenen Namen trägt und die Hauptdarstellerin auch noch keine Geringere als die fabelhafte Julia Roberts ist. Sie bekam für diese Rolle einen Academy Award, und die Art, wie sie mich spielte, war wie das Sahnetüpfelchen auf dem Schokoladenkuchen, zu dem mein Leben geworden ist. Und dieses Leben war ganz bestimmt nicht immer süß und sahnig!

Der Film handelt in erster Linie von meiner Arbeit an der Klage gegen Pacific Gas and Electric (PG&E) Utility Corporation in der Anwaltskanzlei Masry & Vititoe, die wir im Namen der Bürger von Hinkley, Kalifornien, führten. Gemeinsam konnten wir nachweisen, dass PG&E über Jahre hinweg das Trinkwasser der Stadt mit hexavalentem Chrom verseucht hatte, welches in der Fabrik als Rostschutzmittel für die Kühlwasser-Pumpanlangen verwendet wurde. Das Abwasser aus der Fabrik wurde in offene Becken mitten im Wüstenboden abgelassen, von wo es ungehindert ins Grundwasser sickerte, aus dem die Stadt ihr Trinkwasser gewann. Die Einwohner von Hinkley atmeten die giftigen Dämpfe beim Duschen, Baden und über die Wasserkühlung ihrer Klimaanlagen ein. Ihre Kinder plantschten den Sommer über im verseuchten

Wasser. Infolge des verschmutzten Wassers häuften sich in der Stadt die Fehlgeburten, und die Menschen litten an chronischem Nasenbluten und Hautausschlägen. Die Haustiere gingen auf mysteriöse Weise ein oder brachten verkrüppelte Junge zur Welt. Binnen weniger Jahre mehrten sich die Fälle von Darmerkrankungen und Krebs unter den Einwohnern.

Nach vier langen und harten Jahren (die der Film in kurze zwei Stunden zusammenschrumpfen ließ) hielt ich 1996 einen Scheck über 2,5 Millionen Dollar in Händen – meinen Anteil an den Schadensersatzleistungen in Höhe von einer Viertelmilliarde Dollar. Schon 1995, ein Jahr vor dem Vergleich, vermittelte meine Freundin Pamela Dumond die Geschichte an Jersey Films. Der Film, den sie dort daraus machten, sollte die erste öffentliche Anerkennung für das werden, was ich durchgemacht hatte. Dass es überhaupt zu diesem Kinofilm kam, lag vor allem daran, dass Julia Roberts sich bereit erklärte, mich zu spielen. Und sie bekam den Oscar als „beste Schauspielerin" dafür, wie sie mich dargestellt hatte. Das ist gar nicht schlecht, oder? Aber glauben Sie bloß nicht, dass das schon alles war, was dieser Fall an Positivem nach sich zog.

Nachdem ich jahrelang in einer kakerlakenverseuchten Baracke gehaust hatte (sie sah wirklich genauso aus wie Julias Haus in dem Film), war ich nun dank meines Bonus in der Lage, mir mein Traumhaus zu kaufen – oder zumindest das, was ich dafür hielt. Und nicht genug damit, sondern ich hatte nach zwei gescheiterten Ehen in Eric endlich den perfekten Mann für mich gefunden. 1997 schien es, als hätte sich mein Leben endgültig in ein riesiges Stück Schokoladensahnetorte verwandelt – wenn man mal davon absah, dass dieses Kuchenstück verdächtig danach aussah, als hätte jemand den Teller im Regen stehen gelassen!

Das fing damit an, dass ich kurz nach meinem Einzug ins neue Haus feststellen musste, dass viele Teile aus toxischen Materialien gebaut waren. Beinahe überall mussten Wände, Fußböden und Decken herausgerissen und erneuert werden. Neben der unmittelbaren Gesundheitsgefährdung meiner Familie war da noch das Problem, dass ich das Haus in diesem Zustand auf gar keinen Fall weiterverkaufen konnte, um mir ein anderes zu suchen. Welcher halbwegs zurechnungsfähige Mensch würde schon ein Haus kaufen, das ein ernstes Gesundheitsrisiko darstellt? Außerdem wäre ich nicht bereit gewesen, es jemandem so zu verkaufen, wie es war. Das ist einfach nicht mein Stil. Stattdessen biss ich in den sauren Apfel und renovierte das gesamte Gebäude, vom Keller bis unters Dach. Das Ganze kostete mich ungefähr noch einmal so viel wie das Haus selbst.

Und wissen Sie was? Es machte mir nichts aus! Es hat mich nicht weiter gekümmert, weil ich keine übertriebene Bindung zu meinem Haus habe. So wie es jetzt ist, ist es okay – eben ein Ort zum Schlafen, mit vier Außenwänden und einem Dach. Mehr nicht. Was immer am Ende aus dieser Sache werden mag, selbst wenn ich niemals einen Penny von den Verkäufern sehen werde, es ist und bleibt ein Haus. Auch wenn die Totalsanierung mich irgendwann eine Million Dollar gekostet haben wird – und das ist mehr als wahrscheinlich –, ist das nicht weiter schlimm. Dann werde ich mir halt etwas suchen müssen, womit ich ein bisschen dazuverdienen kann. Die Hauptsache für mich ist, dass meine Kinder ein sicheres Dach über dem Kopf haben. So viel werde ich immer sicherstellen, sei es in einem Palast oder in einer Baracke – und wir haben in beidem schon gewohnt.

Schließlich bin ich für meine Kinder verantwortlich. Deshalb habe ich meinem dritten Mann Eric von Anfang an gesagt, dass die Kinder jetzt und in alle Zukunft einzig meine Sache sind. Sie sind *meine* Kinder, für die *ich allein* die Verantwortung übernehme, und zwar seit geraumer Zeit. Dies habe ich erkannt, als ich noch hinter dem Unterhalt herrannte, um immer wieder bloß zu hören: „Ich bin blank."

Ein paar Jahre habe ich dieses Theater mit meinen Ex-Männern mitgemacht, doch dann beschloss ich eines Tages, dass ich meine Zeit nicht länger damit verschwenden wollte, sie wieder und wieder vor den Kadi zu zerren. Also entschied ich, meine Energie ganz und gar darauf zu verwenden, mich um meine Kinder zu kümmern – allein. Das heißt zwar nicht, dass ich es in Ordnung finde, wie sich die Väter meiner Kinder um die Unterhaltszahlungen gedrückt haben, aber ich konnte und wollte es mir nicht mehr leisten, hinter ihnen herzujagen. Eines habe ich in meinem Leben gelernt: Dass ich auf das Schicksal anderer keinerlei Einfluss habe – jedenfalls nicht auf das Schicksal dieser beiden Männer –, aber mein eigenes Schicksal hatte ich durchaus in der Hand.

> **Auch wenn ich auf das Schicksal anderer keinen Einfluss habe – auf jeden Fall nicht auf das Schicksal dieser beiden Männer –, mein eigenes Schicksal hatte ich durchaus in der Hand.**

Es dauerte lange, bis ich das erkannt hatte, doch als es so weit war, erschien es mir wie eine Befreiung. Mein Schicksal selbst in die Hand zu nehmen, war Teil einer ganzen Reihe von Entscheidungen, die ich während der vergangenen zehn Jahre getroffen habe und die allesamt mein Leben verändern sollten.

Diese Veränderungen waren Folge einer Erkenntnis, die ich durch verschiedene Geschehnisse gewonnen habe. Es dauerte eine ganze Weile, bis ich begriff, dass Gewinnen oder Verlieren im Leben weniger mit dem zu tun hat, was um uns herum geschieht, sondern viel mehr mit dem, was *in uns* passiert. Und wie es dazu gekommen ist, möchte ich Ihnen in diesem Buch erzählen.

Seit der Film in die Kinos gekommen ist, kommen wildfremde Leute auf mich zu und sprechen mich an. Manchmal sagen sie außergewöhnliche, manchmal aber auch nur außergewöhnlich dämliche Sachen. Andere schreiben absurde Dinge über mich, wobei es meistens darum geht, wie viel „Glück" ich gehabt habe, wie sehr ich vom Schicksal begünstigt sei oder dass mein Leben wie eine Art Aschenputtelmärchen verlaufe. Weil das so ist, möchte ich gleich an dieser Stelle klarstellen: Niemandes Leben – und schon gar nicht meines – ist ein Märchen, egal wie sehr wir daran glauben wollen.

> **Niemandes Leben – und schon gar nicht meines – ist ein Märchen, egal wie sehr wir daran glauben wollen.**

Ich zum Beispiel könnte schreien, wenn jemand in meiner Gegenwart etwas von „Märchenprinzessin" faselt und davon, was das Schicksal für solch eine Prinzessin bereithält. Dazu fällt mir sofort Lady Diana ein. Sie war für jedermann das perfekte Modell der Märchenprinzessin. Doch dann starb sie viel zu früh, und auf einmal entdeckten alle, dass sie möglicherweise gar keine so verteufelt glückliche Prinzessin gewesen war.

All ihr Reichtum, ihre Schönheit und ihre Stellung konnten sie nicht vor der bisweilen grausamen emotionalen Wirklichkeit des Lebens schützen. Für eine frühere

Generation stellte die First Lady Jackie Kennedy Onassis die „Märchenprinzessin" dar, und für wieder andere war es die Leinwandgöttin Marilyn Monroe. Alle drei, und unzählige mehr, dienen unserer Phantasie vom makellosen Glück als Illusionsfutter, während ihr Leben in Wahrheit viel zu kompliziert und zu arm an Gefühlen ist oder war, als dass man es als glücklich bezeichnen könnte.

Wir sollten uns also nicht vorschnell von dem Bild der perfekten Märchenprinzessin blenden lassen. Mir ist es eigentlich egal, wie reich, wie schön, wie berühmt oder wie genial jemand ist. Jeder von uns gerät irgendwann an den Punkt, wo sein Leben zu einem Kampf wird, den man entweder gewinnen oder verlieren kann – ganz gleich wie viele gute oder schlechte Voraussetzungen man mitbringt. Letztendlich kommt es nur darauf an, dass man gewinnt, und nicht darauf, wie viel Geld oder Ruhm man erntet. Es ist unwichtig, welches Kleid jemand auf einem Zeitungsfoto anhat, bei welchem Designer man sich ankleidet oder wer einen frisiert. (Und, um bei unserem Fall zu bleiben: Seit Abschluss der Verhandlungen um die Entschädigung der Leute von Hinkley sind 50 der ursprünglich 634 Kläger an den Folgen der Trinkwasserverseuchung gestorben. Ihnen haben all die Anerkennung im Film und das viele Geld am Ende nicht helfen können.)

Die Realität

Nun überprüfen wir einmal Erin Brockovichs Realität: Seitdem ich meine 2,5 Millionen Dollar als Bonus bekam, habe ich über eine Million Steuern bezahlt. Ich werde über eine Million zahlen müssen, um mein Haus zu retten. Ich habe mich energisch gegen die Drängeleien meiner Ex-Freunde und Ex-Männer zur Wehr setzen müssen, die sämtlichst meinten, sie hätten irgendeinen Anspruch auf mein Geld, *und ich habe über eine Viertelmillion für die Drogentherapien meiner beiden älteren Kinder ausgegeben.*

Ja, es stimmt. Matt, mein Ältester, war vierzehn, als er zum ersten Mal mit Drogen herumexperimentierte. Natürlich war ich außer mir, da ich mein Leben lang Drogen strikt abgelehnt habe. Katie war gerade dreizehn, als sie anfing. Vielleicht waren sie beide zu schwach, sich dem Gruppendruck zu widersetzen, der für Teenager in Amerika heutzutage mehr und mehr zum Problem wird. Sie können sich ein noch so gut situiertes und nobles Viertel aussuchen, die Drogen sind schon da. Das Viertel, in das ich zog, war sogar das bestsituierte und nobelste, das man sich denken kann, und trotzdem gab es hier Drogen.

Aber das ist ein rein äußerliches Problem, das sich durch nichts und niemanden vermeiden lässt. Die Kinder haben heute viel weniger Angst als wir vor den Wirkungen von „Dope" oder vor der enormen Abhängigkeit, die auf härtere Drogen folgt. Das hängt möglicherweise damit zusammen, dass sie mit der Fernsehwerbung für die so genannten „legalen" Drogen groß geworden sind, oder damit, dass man heute jederzeit an alle möglichen Pillen herankommt. Vielleicht sehen sie ihre eigenen Eltern zu häufig dabei, wie sie irgendwelche Tabletten einwerfen – gegen alle erdenklichen eingebildeten und echten Leiden. Eventuell ist es aber auch einfach so, dass sie noch so jung sind und sich für unsterblich halten. Oder sie fühlen sich sicher, weil sie meinen, reiche Eltern und eine vornehme Adresse schützen sie vor dem Drogensumpf und dem Tod in der Gosse.

Auf jeden Fall hat dieses Problem noch eine zweite Seite, die weit schwieriger zu erkennen und zu bekämpfen ist. Das ist der *innere Aspekt* des Drogenproblems. Für Matt und Katie begannen die Schwierigkeiten wahrscheinlich mit meiner ersten Scheidung. Ihnen fehlte ein Vater in ihrem Leben, irgendein Mann, der lange genug blieb, um die Rolle eines richtigen Vaters zu übernehmen. Mit anderen Worten: Ihnen fehlte jemand, der immer für sie da war. Natürlich war ich als allein erziehende Mutter auch viel zu oft und zu lange fort, und ich werde nicht versuchen, meine Mitschuld zu leugnen. Ich war nicht im Stande, die Drogen von ihnen fern zu halten oder sie von den Drogen. Glücklicherweise war Matt willensstark und hatte die nötige Kraft in sich, um gegen seine Sucht zu kämpfen. Als ich ihn für eine Therapie anmeldete, spürte ich, wie entschlossen er war, es zu schaffen. Heute bin ich hundertprozentig sicher, dass seine Drogenprobleme Vergangenheit sind. Ich bin froh und dankbar, dass ich die Mittel hatte, ihm jedwede Hilfe zukommen zu lassen.

Auch Katie geht es mittlerweile besser. Als sie mit dreizehn Jahren zum ersten Mal auffällig wurde – sie litt unter zwanghaften Verhaltensstörungen –, war es die Hölle für uns. Beinahe ein Jahr lang weigerte ich mich einzusehen, dass ich mit ihr ebenfalls Probleme hatte. Dann erkannte ich endlich den Ernst der Lage und wandte mich an einen Erziehungsberater, der uns ein dreiwöchiges, beaufsichtigtes „Wildnisprogramm" für Katie empfahl, das irgendwo in Utah stattfand. Anschließend schickte ich sie auf ein Internat, das sich auf Kinder mit Problemen wie Katies spezialisiert hatte. Sechzehn Monate blieb sie dort und blühte förmlich auf. Gegen Ende dann schien sie uns plötzlich wieder zu entgleiten, und die Schulleitung riet uns, Katie nochmals an einem „Wildnisprogramm" teilnehmen zu lassen. Auch dieses Programm war in Utah, dauerte diesmal allerdings neun Wochen. Ehrlich gesagt war ich heilfroh, dass mir endlich jemand sagte, was mit meiner Tochter los war, und dass es für ihr Verhalten überhaupt eine Erklärung gab – und nicht zuletzt, dass jemand eine Ahnung hatte, was man dagegen tun konnte!

Eines Nachts, während Katie fort war, lag ich lange Zeit wach und grübelte. Ich fühlte mich entsetzlich hilflos, weil ich weder ihr noch mir selbst helfen konnte. Da beschloss ich, aufzustehen und meiner Tochter einen Brief zu schreiben. Ich wollte ihr sagen, worauf es wirklich ankam. Eigentlich schrieb ich in dem Brief, was mein Vater mir einmal geschrieben hatte. Und das hatte er sich auch nicht selbst ausgedacht, sondern zu großen Teilen von Calvin Coolidge[*] übernommen. Ich nenne diese Regeln „meine Weitermachphilosophie". Mich haben die Worte meines Vaters damals so sehr beeindruckt, dass ich seinen Brief seit zwanzig Jahren mit mir herumtrage, und ich möchte einige Sätze daraus zitieren:

Mach weiter! Ausdauer lässt sich durch nichts ersetzen. Ohne Ausdauer ist jedes Talent verschwendet, denn es gibt genügend Menschen, die Talent, aber keinen Erfolg haben. Genies erreichen ohne Ausdauer nichts auf dieser Welt – das verkannte Genie ist zu einem sprichwörtlichen Phänomen geworden. Bildung nützt nichts ohne Ausdauer – es gibt jede Menge gebildete Obdachlose. Einzig Ausdauer und Entschlossenheit können etwas bewirken. „Weitermachen!" Nur damit ließen und lassen sich die Probleme der Menschheit bewältigen.

Calvin Coolidge

---

[*] Calvin Coolidge, 30. Präsident der Vereinigten Staaten von 1923–1929, *Anm. d. Übers.*

> **Weiterzumachen, egal was auch geschehen mag: Diese Idee überzeugte mich damals und tut es bis heute.**

Weitermachen! Dieses Wort trifft den Nagel auf den Kopf. Als ich den Brief meines Vaters bekam, habe ich ihn wieder und wieder gelesen, jeden Tag, bis ich diese Botschaft ganz in mich eingesogen hatte. Weiterzumachen, egal was auch geschehen mag: Diese Idee überzeugte mich damals und tut es bis heute.

Als mein Vater mir diese Worte schrieb, hatte mein Leben gerade einen Frontalzusammenstoß erlitten, und ich wusste nicht, wie ich den Schaden beheben sollte. Wahrscheinlich ahnte mein Vater, dass ich etwas brauchte, woran ich mich festhalten konnte. Ich war erst Anfang zwanzig, hatte zwei gescheiterte Ehen hinter mir und musste zwei Kinder allein großziehen. Ich hatte keine abgeschlossene Ausbildung und mir war sonnenklar, dass mein Aussehen nicht reichen würde, aus mir eine berühmte Schauspielerin oder ein Fotomodell zu machen. Ich fühlte mich wie ein Niemand und meine Hoffnungen schwanden, irgendwann den richtigen reichen Mann zu treffen, der nichts sehnlicher wünschte, als mich und meine Kinder in ein großes, vornehmes Haus zu setzen und für uns zu sorgen.

Ich war voller Selbstverachtung und kurz davor, alles aufzugeben. Irgendwie konnte oder wollte ich nicht wahrhaben, dass ich außer *mir selbst* niemanden hatte, auf den ich mich verlassen konnte.

Weil er das wusste, hat mein Vater mir geschrieben. Er sah, dass es für mich höchste Zeit wurde, mein Leben selbst in die Hand zu nehmen, und deshalb rief er mich auf „weiterzumachen". Und er hatte Recht. Sobald es bei mir „geklingelt" hatte, begann ich, mir immer wieder zu sagen: „Ich denke, ich kann es, ich denke, ich kann es, ich weiß, ich kann es, ich weiß, ich kann es …!" Ich begriff, dass ich am Ende der einzige Mensch war, der mir helfen konnte. Ich musste mich selbst an meinen eigenen Haaren aus dem Sumpf ziehen und weitermachen!

Genau diese Botschaft wollte ich Katie vermitteln. Ich wollte ihr zu verstehen geben, dass niemand sie zu etwas zwingen kann und niemand ihr etwas nehmen kann, *es sei denn, sie lässt es zu.* Ich war mir sicher, dass sie es begreifen würde und es schaffen könnte. In dieser Nacht fügte ich meinem Brief an Katie noch die Zeilen hinzu: „Dieses Motto gilt für unsere ganze Familie. Glaube daran, lerne es und nutze es. Es *funktioniert.*"

Es brauchte einige Zeit, bis ich verstanden hatte, welche Kraft und Energie sich hinter diesem „Weitermachen" verbergen und dass ich sie in mir selbst finden könnte. Dort

> **„Ich denke, ich kann es, ich denke, ich kann es, ich weiß, ich kann es, ich weiß, ich kann es …!"**

schlummerten sie nämlich und warteten auf den Tag, da ich sie wachrütteln würde. Heute bin ich sicher, dass ich Katie und Matt dieselbe Botschaft weitergebe, die ich von meinem Vater empfing, nur dass sie sie schon in jüngeren Jahren bekommen haben. Sie beide haben ihren eigenen kleinen „Ich kann"-Vorrat, und das wissen sie.

Nach dem Film

Als ich meinen 2,5-Millionen-Dollar-Bonus in Händen hielt, wurde mir als Erstes klar, dass Ex-Freunde und Ex-Männer verblüffend schnell aus ihren Verstecken gekrochen kommen können, wenn es darum geht, sich wie ein hungriges Termitenvolk auf mich zu stürzen. Sicherlich erinnern Sie sich an Jorge, den „netten Kerl" aus dem Film, der sich „freiwillig" bereit erklärte, auf meine Kinder aufzupassen, während ich an dem Fall arbeitete? Nun, Dinge ändern sich – und Menschen ändern sich ebenfalls. Ich möchte Ihnen gern erzählen, was nach dem Abspann *wirklich* geschah.

Jorge und ich hatten ungefähr ein Jahr zusammengelebt, als ich mit meiner Arbeit an dem Hinkley-Fall begann. Damit ich die nötige Zeit hatte mich meiner Arbeit zu widmen, hat Ed Masrys Kanzlei Jorge als Babysitter für meine Kinder *angestellt*. Ja, er wurde dafür *bezahlt*, dass er sich um meine Kinder kümmerte. Anfangs lief alles wunderbar, und ihn schien der Himmel geschickt zu haben. Ich hatte bereits drei oder vier Babysitter hinter mir, die sich allesamt als blanke Katastrophen entpuppt hatten. Abend für Abend fand ich bei meiner Rückkehr ein vollkommen verwüstetes Haus vor. Ein Babysitter ließ meine Jüngste den ganzen Tag über brüllend in ihrem Bettchen liegen, bis sich die Nachbarn bei mir beschwerten. Sie glaubten schon, das Baby würde misshandelt. Eines Abends, als ich etwas später heimkam, fand ich Beth, die damals gerade achtzehn Monate alt war, bei den Nachbarn schräg gegenüber (ich war der roten Filzstiftspur gefolgt, die von meiner Haustür über die Straße zur Tür der Nachbarn führte). Das Kindermädchen hockte derweil im Haus vor dem Fernseher.

Jorge, der Motorradfahrer, zog also zu mir. Er machte damals eine harte Zeit durch. Zwar arbeitete er in der Handwerksfirma seines Vaters, doch es gab nur wenige Aufträge, so dass Jorge nicht allzu viel verdiente. Dann plante sein Bruder, der den Betrieb übernommen hatte, mit der Firma in einen anderen Staat zu übersiedeln. Da Jorge gern mit den Kindern zusammen war und sie ihn mochten, schlug mein Boss Ed vor, dass wir ihm anbieten sollten, fest als Babysitter zu arbeiten. Ich war einverstanden.

Dieses Angebot kam zu einer Zeit, als meine Arbeit am Hinkley-Fall einen kritischen Punkt erreichte. Ich hatte Unmengen Informationsmaterial gesammelt, das überprüft, ergänzt und sortiert werden musste. Außerdem war ich im Verlaufe meiner Nachforschungen den Menschen in Hinkley immer näher gekommen, und ich fühlte mit ihnen mit. Es war bewundernswert, mit welcher Energie sie gegen alle Widrigkeiten ums nackte Überleben kämpften. Ihre Unermüdlichkeit erinnerte mich zwangsläufig an meinen eigenen Überlebenskampf, und ich hatte das Gefühl, ihnen einfach alle Zeit und Mühe schenken zu müssen, die ich irgend erübrigen konnte. In dieser Situation kam Jorge wie gerufen. Er kümmerte sich vorbildlich um die Kinder, während ich mich ganz und gar auf den Hinkley-Fall stürzte.

Vielleicht sollte ich besser gleich zu Anfang sagen, dass ich Jorge niemals für meinen „Traummann" hielt. Ich mochte die Art, wie er mit den Kindern umging, und ich war ihm dankbar, aber ich habe niemals einen Hehl daraus gemacht, dass ich *nicht* in ihn *verliebt* war. Und wenn ich ehrlich bin: Vielleicht hätte er ja sogar aus lauter Nettigkeit meine Kinder gehütet, aber so war es nun einmal nicht. Er wurde dafür bezahlt. Alle zwei Wochen trudelte ein beachtlicher Scheck für ihn ein. Nebenher wohnte er auch noch mietfrei in meinem Haus, da ich die Kosten nach wie vor allein trug, und Eds Kanzlei stellte Jorge einen Wagen, damit er sich mit den Kindern frei bewegen konnte.

Als ich dann 1997 meinen Bonus bekam und beschloss, ein neues Haus zu kaufen, hielt ich den Zeitpunkt

für angebracht, um mich von dem Motorradfahrer zu
trennen. Es war nicht das erste Mal, dass ich ihn bat zu
gehen, aber zum ersten Mal hatte ich die nötigen Mittel,
tatsächlich auf ihn verzichten zu können. Zuvor hatte es
unzählige Momente gegeben, in denen ich Jorges Selbst-
gefälligkeit und seiner dauernden Betonung dessen, wie
lebenswichtig seine Hilfe für uns war, überdrüssig geworden war. Ich konnte es einfach nicht mehr hören und
setzte ihn vor die Tür. Er hat nie verstanden, dass er uns
schließlich keinen Gefallen getan hat, sondern da war,
weil Ed und ich ihn engagiert hatten und ihn *bezahlten*,
damit ich meine Arbeit machen konnte.

Schon 1995 bat ich ihn zum ersten Mal, mein Haus zu
verlassen. Er weigerte sich nicht nur, sondern machte mir
eine hässliche Szene. Ich erzählte Ed davon, der den She-
riff einschalten wollte. Glücklicherweise war es dann doch
nicht notwendig. Als Jorge klar wurde, dass Ed und ich es
ernst meinten, ging er freiwillig. Kurze Zeit später meldete er sich mit einer Unterhaltsforderung bei mir zurück. *Er
verlangte satte 3 Millionen Dollar!* Schockierend, wie diese
absurde Forderung war, bestätigte sie mir doch nur, was
ich schon seit längerem vermutet hatte: Es war ihm eigentlich nie um die Kinder gegangen, sondern für ihn war
es immer nur eine bequeme Möglichkeit gewesen, umsonst zu wohnen und zu essen – nicht mehr und nicht weniger. Eines Abends fand ich einen Brief von ihm in der
Post. Es waren die Fotos meiner Kinder, und ich dachte:
„Jetzt schickt der Kerl ihre Bilder zurück!" Das tat weh.

Natürlich war diese Geschichte mit der Unterhaltsforderung lächerlich und vollkommen aussichtslos. Trotzdem verhandelte Ed mit Jorge und dessen Anwalt einen
„Abschiedsbonus" in Höhe von 40.000 Dollar, damit
endgültig Ruhe einkehrte. Zusätzlich zu diesem Geld

kaufte ich Jorge im Jahr darauf, nachdem ich meinen Bonus bekommen hatte, eine speziell angefertigte Harley für 20.000 Dollar. Ein paar Jahre früher, als es uns besonders schlecht ging, hatte er nämlich seine Harley versetzt, und ich wollte es wieder gutmachen.

Er tat mir sogar so Leid, dass ich nachgab, als er kam und um eine zweite Chance bat. Ich ließ ihn wieder bei mir einziehen. Der Grund für mein Nachgeben war aber wohl eher meine kleine Tochter Beth gewesen. Sie saß eines Abends in der Badewanne und fragte: „Wo ist Jorge?"

Ich versuchte, sie abzulenken, doch sie blieb beharrlich. „Sag schon, Mom, du weißt doch, wer das ist!"

„Na und, was ist mit ihm?"

„Ich vermisse ihn", sagte sie.

Von einer Minute zur anderen fühlte ich mich hundeelend. Ihretwegen. Während ihrer ersten Lebensjahre war der Motorradfahrer die einzige konstante Vaterfigur für sie gewesen. Ich fragte mich, ob es nicht egozentrisch von mir war, ihn rauszuwerfen, ohne an meine Kinder zu denken. Also kam ich zu dem Schluss, dass ich ihm noch eine Chance geben müsste. Diesmal bestand Ed allerdings darauf, dass Jorge eine Vereinbarung unterzeichnete, die mich vor möglichen weiteren Forderungen schützen sollte.

Doch leider erkannte ich, welchen Fehler ich gemacht hatte, sobald er zurück war. Ich wusste, dass es nicht funktionieren konnte. Zumal mir die Fotos, die er zurückgeschickt hatte, nicht aus dem Kopf wollten. So gesehen war es wenig überraschend, dass dieser letzte Versuch bereits nach einem Monat scheiterte. Im Mai 1998 ging Jorge für immer.

Auch weiterhin liehen Ed und ich ihm Geld, um ihm auf die Beine zu helfen, und er kassierte eine beträchtliche Summe dafür, dass seine Person im Film dargestellt werden durfte. Alles in allem hat sich für ihn die Zeit mit mir und meinen Kindern reichlich bezahlt gemacht.

Kaum dass Jorge fort war, meldete sich mein erster Mann, Shawn, von dem ich seit zwölf Jahren geschieden war, und wollte von Ed und mir 10.000 Dollar, um sich einen Wohnwagen zu kaufen. Es war nicht das erste Mal, dass er mich um finanzielle Hilfe bat. Die Jahre zuvor hatte ich ihm mehrfach geholfen – sofern es mir möglich gewesen war. Immerhin war er der Vater meiner zwei älteren Kinder. Ich hatte ihm Geld geliehen, damit er seine Teppichreinigungsfirma gründen konnte, und ich kaufte ihm sogar einen sehr guten Gebrauchtwagen. Möbel, die ich nicht mehr brauchte, schenkte ich ihm. Und das alles, obwohl ich mit ihm jede Menge Stress wegen der Unterhaltszahlungen für die Kinder gehabt hatte. Aber gerade um der Kinder willen wollte ich unser Verhältnis so freundschaftlich gestalten, wie es ging – er lebte zu jener Zeit in unserer Nähe und sah die beiden häufiger. Außerdem fand ich es vollkommen in Ordnung, ihm sein Leben leichter zu machen, da ich es mir leisten konnte.

Ich war überglücklich und dankbar für den Erfolg im Hinkley-Fall. Deshalb wäre es mir falsch vorgekommen, mein Glück nicht ein wenig mit ihm zu teilen. Vielleicht war es naiv von mir zu meinen, dass Freundlichkeit und Großzügigkeit irgendeinen Eindruck auf meinen Ex-Mann machten, aber ich glaubte, mein Handeln wäre eine Art gutes Beispiel für ihn.

Wie sich herausstellen sollte, hatte ich mich auf ganzer Linie getäuscht. Als Shawn in der Zeitung die Vorankündigung für den Film entdeckte, beschwerte er sich sofort bei Ed und mir, weil er meinte, nun würde vor aller Welt ausposaunt, was für ein erbärmlicher Vater er war. Ich versuchte, ihn zu beruhigen, aber das erwies sich als ein weiterer Fehler. „Shawn", sagte ich zu ihm, „du wirst in dem Film nicht einmal erwähnt." Was ja auch stimmte. Sein Name wird kein einziges Mal genannt, ebenso wenig wie jemals etwas davon gesagt wird, was für ein Mensch er ist. „In dem Film geht es darum, was den Leuten in Hinkley passiert ist. Verstehst du das denn nicht?"

Tatsache ist, dass bis heute niemand etwas Genaueres über ihn wüsste, wenn er sich nicht immer wieder so vehement in mein Leben gedrängt hätte.

Jedenfalls hätte ich genauso gut gegen eine Wand reden können. Ehe ich es mich versah, sorgte Shawn dafür, dass man ihm massenhaft Aufmerksamkeit schenkte. Er verbündete sich – man mag es kaum glauben – mit *Jorge* gegen mich! Gemeinsam starteten die beiden einen hanebüchenen Erpressungsversuch, um auf Eds und meine Kosten „reich" zu werden.

Kurz nachdem Jorge und ich uns endgültig getrennt hatten und ich Shawn seinen Wohnwagen und seinen Teppichservice finanziert hatte, erschienen die beiden mit einem Anwalt bei Ed und mir und erklärten, dass sie der Presse sagen würden, was für eine schlechte Mutter ich wäre und dass ich mit meinem Boss geschlafen hätte, falls wir ihnen keine 310.000 Dollar zahlten. Angeblich hatten sie „Beweise". Natürlich wussten sie genauso gut wie ich, dass ihre Anschuldigungen vollkommen aus der Luft gegriffen waren. Ihre Verlogenheit verursachte mir körperliche Übelkeit. Was mich am meisten schmerzte, war die Tatsache, dass Jorge und Shawn sehr wohl wussten, wie ernst ich meine Aufgaben als Mutter nahm. Neben Ed Masry, meinem Vater und meinem heutigen Ehemann Eric dürften sie die einzigen Männer sein, die hautnah erlebt hatten, wie wichtig mir meine Kinder waren. Ich konnte gar nicht fassen, dass Menschen so tief sinken könnten wie diese beiden, die mich so schamlos erpressen wollten, nur um sich einen Teil meines Bonus zu sichern!

Es stimmte zwar, dass meine beiden älteren Kinder Drogenprobleme hatten, doch vielleicht hätte mein Ex-Mann ja mal darüber nachdenken können, ob sein Verhalten nicht auch ein Stück mit dazu beigetragen hatte. Schließlich tauchte er immer wieder in ihrem Leben auf, um anschließend sang- und klanglos zu verschwinden. Es kümmerte ihn auch nicht weiter, dass ich zu diesem Zeitpunkt bereits alles Menschenmögliche getan hatte, um den Kindern mit Drogentherapien zu helfen. Hätte ich es nicht getan, hätte ich mich einfach abgewandt und vorgegeben, dass diese Probleme nicht existierten, wäre es womöglich Shawns gutes Recht gewesen, mich als eine verantwortungslose Mutter hinzustellen – vorausgesetzt, er hätte sich überhaupt darum geschert.

Aber was mich an dieser scheußlichen Geschichte besonders traf, war dieses vermeintliche „Anrecht", das die beiden auf mein Geld erhoben. Irgendwie schienen sie zu denken – sofern man in diesem Fall noch ernsthaft von „denken" sprechen kann – dass sie einen Anspruch auf mehr Geld von mir hätten. Ich schätze, keiner von ihnen wollte einsehen, dass ich oder überhaupt eine Frau es so weit bringen konnte, wie ich es gebracht hatte, ohne mit dem Boss zu schlafen. Für Shawn und Jorge stand außer Frage, dass ich mich „nach oben geschlafen" haben musste. In ihren Augen hatte ich mir also mein Geld auf unanständige Weise erschlichen, und deshalb dürften sie es auch. Sie beriefen sich auf dieses abgedroschene Vorurteil, wonach eine gut aussehende, kurvenreiche Frau ohne Ausbildung gar keine andere Möglichkeit hat, als sich ihren Erfolg mit Sex zu erkämpfen.

Zwei Dinge an ihrem abscheulichen Plan machten mich besonders wütend. Zum einen fragte ich mich, was um alles in der Welt Ed Masry ihnen getan hatte, dass sie ihm so übel mitspielten. Er war immer gut zu ihnen gewesen, hatte ihnen Geld gegeben, Autos gekauft und Arbeit besorgt. Zum anderen waren es die Kinder. Hatten sie denn nie daran gedacht, welche Folgen es für die Kinder haben könnte, wenn sie auf den Titelseiten der Zeitungen und im Fernsehen sahen, dass ihre Mutter eine erbärmliche Mutter wäre, die darüber hinaus auch noch mit ihrem Chef geschlafen hätte?

Der Motorradfahrer und mein Ex hatten sich einen Anwalt aus Century City geholt, der offenbar hoffte, mit diesem Fall jede Menge Schlagzeilen und neue Klienten zu gewinnen. Der Staatsanwalt von Ventura County prüfte die Klage und schlug eine Polizeifalle vor. Auf seine Anweisung trafen Ed und ich uns mit Shawn, Jorge und dem Anwalt in einem Büro, das mit Wanzen präpariert war. Im Nebenraum warteten ein Dutzend Polizisten. Wir übergaben das geforderte Geld, und ehe sich's die drei versahen, wurden sie verhaftet. Sie kamen unter dem Vorwurf der versuchten Erpressung in Untersuchungshaft, und die Kaution wurde mit 50.000 für jeden festgelegt.

Ich war unbeschreiblich wütend, weil die drei ohne mit der Wimper zu zucken bereit gewesen waren, mich bloßzustellen und zu verleugnen. Dennoch fühlte ich mich nicht wohl dabei, sie in Handschellen abgeführt zu sehen. Es war einfach deprimierend, wie weit ihre unersättliche Gier und ihre Dummheit diese Männer getrieben hatte. Und diese beiden hatten in meinem Leben einmal eine wichtige Rolle gespielt! Der eine war der Vater meiner beiden Kinder, und der andere war für mich da gewesen, als ich mein Leben in den Griff zu bekommen versuchte. Es war unbeschreiblich traurig zu erkennen, wie wenig ihnen all das im Nachhinein bedeutete.

Nachdem sie in Untersuchungshaft genommen waren, wurde ein Verhandlungstermin für den Herbst 2000 angesetzt. Am Ende ließ der Staatsanwalt die Klage gegen Shawn und Jorge fallen, nicht aber gegen den Anwalt der beiden. Er ging davon aus, dass bei einem Verfahren gegen alle drei die Chancen unter Umständen schlechter standen, und er wollte wenigstens einen der Schuldigen verurteilt wissen. Ich glaube, dass dies die richtige Entscheidung war. Shawn und Jorge mochten dumm und extrem gierig sein, aber das eigentliche Verbrechen hatte dieser Anwalt begangen. Er wusste von Anfang an, dass sein Verhalten rechtswidrig war. Schließlich hatte er die nötige Rechtskenntnis. Er hatte es verdient, bestraft zu werden.

Der Prozess fand im März 2001 statt. Ich war als Zeugin geladen und musste mich einer Reihe unangenehmer, zum Teil verletzender und beleidigender Fragen stellen, die darauf abzielten, meine Glaubwürdigkeit in den Augen der Geschworenen zu zerstören. Nachdem sie sich fünf Tage beraten hatten, befanden die Geschworenen den Anwalt für schuldig. Er musste 10.000 Dollar Strafe zahlen, erhielt eine Gefängnisstrafe von vier bis sechs Monaten mit einer anschließenden Bewährungsstrafe von 36 Monaten, und er verlor seine Zulassung als Anwalt. Ich bin sicher, dass er sich wünschte, Shawn und Jorge niemals begegnet zu sein. Und ehrlich gesagt wünsche ich mir das inzwischen auch.

Wenn ich könnte, würde ich die beiden auf den Kopf zu fragen, was für ein Gefühl es ist, wenn man Abend für Abend ins Bett geht – ohne Freundin und ohne Kinder –

und mit dem Wissen einschla-
fen muss, alles zerstört zu haben. Sie haben ihre Seelen
verkauft, um sich an dem Geld
zu bereichern, das ich mir er-
arbeitet hatte. Sie wussten ge-

> **Geld war für mich niemals der ausschlaggebende Grund, etwas zu tun oder zu lassen.**

nau, was für eine Mutter ich war und dass Ed Masry ein
aufrichtiger, hilfsbereiter und großzügiger Mann war.
Und obwohl sie mir so nahe gekommen waren, hatten sie
offenbar niemals begriffen, dass ich, was ich tat, nicht um
des Geldes willen tat, weshalb es mir auch egal gewesen
wäre, wenn ich tausende hätte investieren müssen, um
mich gegen ihre Anschuldigungen zur Wehr zu setzen.
Ich hätte meinen letzten Cent geopfert, um meinen Ruf
zu verteidigen und für die Wahrheit zu kämpfen. Ganz
gleich, was Shawn, Jorge und ihr Anwalt gedacht haben
mochten, ich habe mich in dem Hinkley-Fall sicher nicht
engagiert, um reich zu werden.

Meine Motive

Als ich entdeckte, dass die Menschen in Hinkley todkrank waren und PG&E die Schuld dafür trug, ging es
mir vor allem darum, ihnen Gerechtigkeit widerfahren zu
lassen und ihnen zu helfen, sich zu wehren und zu schützen. Es gab jemanden, der für die Leiden dieser Menschen verantwortlich war, und ich wollte unbedingt he-
rausfinden, wer und warum. Anfangs hielten mich alle –
für eine kurze Zeit auch Ed Masry – für übergeschnappt,
weil ich mich mit einem solchen Konzernriesen anlegen
wollte. Schließlich konnte niemand ahnen, was für einen
atemberaubenden Vergleich wir am Ende erzielen wür-

den – geschweige denn, dass das Ganze auch noch zu einem Kinofilm würde!

In den vier langen und qualvollen Jahren, die wir an dem Fall arbeiteten, musste ich mich immer und immer wieder darauf besinnen, was ich tat und wofür ich es tat, und mir selbst die Kraft geben *weiterzumachen*. Ich musste dafür sorgen, dass meine Kinder zu essen, etwas anzuziehen und ein Dach über dem Kopf hatten, während ich sieben Tage die Woche, vierundzwanzig Stunden täglich damit beschäftigt war, dieses gewaltige Unternehmen in die Knie zu zwingen. Als wir schließlich den Vergleich über mehr als eine Viertelmilliarde Dollar erreicht hatten, dauerte es weitere zwei Jahre, bis die volle Summe ausgezahlt war und an die Familien verteilt werden konnte. Insgesamt waren es also beinahe sechs Jahre meines Lebens, die ich einer Aufgabe widmete, welche in den Augen vieler zunächst nichts weiter war als eine meiner Schnapsideen.

> Ich musste mich immer und immer wieder darauf besinnen, was ich tat und wofür ich es tat, und mir selbst die Kraft geben *weiterzumachen*.

Sechs Jahre habe ich gebraucht, um alle vom Gegenteil zu überzeugen. Dann kam der Erfolg, mit dem ich – spät aber unwiderruflich – Einzug in die Welt der verantwortungsvollen Erwachsenen hielt. Ich muss sagen, dass der Tag, an dem der Vergleich bekannt gegeben wurde, einer der aufregendsten Tage meines Lebens war. Ed und ich konnten einige der 634 Kläger anrufen und ihnen die freudige Nachricht mitteilen. Es wurde so viel gelacht, geweint und sich umarmt, wie ich es seit langem nicht mehr erlebt hatte. Diese Erfahrung war großartig und – ganz tief drinnen – außerordentlich befriedigend. Für mich lag hierin die Bestätigung dafür, dass all meine Mühe, meine Stärke und meine Ausdauer sich gelohnt hatten. Dieser Erfolg machte mir endlich bewusst, wie wertvoll jene Grundsätze waren, die mir seit frühester Kindheit vermittelt worden waren. Über lange Zeit hatten moralische Prinzipien und geistige Werte in mir geschlummert, die erst wieder erweckt wurden, als ich für Ed Masrys Kanzlei an dem Fall gegen PG&E arbeiten durfte.

Was in uns steckt, ist längst nicht immer das und nur das, was andere Leute von außen sehen. Selbst nach dem Vergleich gab es eine Menge Leute, die (ebenso wie mein Ex und der Motorradfahrer) glaubten, einzig meine kurzen Röcke und meine Brüste hätten mir zu diesem Erfolg verholfen. Dabei war es vor allem mein enger Kontakt zu den Betroffenen – diesen unscheinbaren, hart arbeitenden Menschen –, der mir klar gemacht hat, warum es für mich selbst so lange Zeit so schwierig gewesen war, jemanden dazu zu bringen, mir *zuzuhören*. Dementsprechend wunderte es mich wenig, dass nach erfolgreichem Abschluss des Falls das *People*-Magazin prompt mein Aussehen in den Vordergrund stellte und mich als „Ralph Nader mit Dekolletee"[*] bezeichnete!

> **Es war vor allem mein enger Kontakt zu den Betroffenen – diesen unscheinbaren, hart arbeitenden Menschen –, der mir klar gemacht hat, warum es für mich selbst so lange Zeit so schwierig gewesen war, jemanden dazu zu bringen, mir *zuzuhören*.**

---

[*] Bekannter amerikanischer Umweltaktivist, der in den US-Präsidentschaftswahlen 2000 als Kandidat der Grünen Partei antrat. *Anm. d. Übers.*

Zugegebenermaßen bin ich heute Lichtjahre entfernt von
der mittellosen, verzweifelten Erin Brockovich, die Sie zu
Beginn des Filmes zu sehen bekommen haben. Jene Erin,
die vollkommen aufgerieben ist vom täglichen Kampf
um das nackte Überleben, ist inzwischen Teil meiner Vergangenheit. Ich habe lange gebraucht, um die vielen Hindernisse zu überwinden, die zwischen mir und meinem
jetzigen Erfolg standen. Diese Hürden gab es schon Jahre, bevor ich überhaupt das erste Mal von PG&E hörte,
bevor ich mein erstes Kind bekam – ja, noch bevor ich
auf die Highschool kam. Es waren Barrieren, die sich zwischen mir und meinem Selbstwertgefühl aufgebaut hatten
und die mir den Weg zu meinem Innersten versperrten.

> **Ich kam als
> Legasthenikerin auf
> die Welt.**

Angefangen hatte es damit,
dass ich als Legasthenikerin
auf die Welt kam. Infolgedes-
sen wurde ich bereits als Kind
als „anders", „schwierig" oder
„lernschwach" eingestuft. Gewiss ist das ein Grund dafür,
weshalb ich zeitlebens das Gefühl hatte, wie eine Brenn-
spiritusflasche mit einem Warnhinweis versehen und auf
ein unerreichbares Regal gestellt worden zu sein. Ich
wusste zwar, dass ich eigentlich nicht blöd war, doch mir
war ebenfalls klar, dass alle anderen genau das von mir
dachten.

Meine Legasthenie zu überwinden war eine erste
große Hürde, die ich aus eigener Kraft nehmen musste.
Dadurch erkannte ich, welche Willensstärke und Entschlossenheit ich in mir trug. Und bis heute ist es so, dass
ich immer wieder von Leuten gefragt werde: „Erin, wie
haben Sie das gemacht?" Wobei diese Menschen nicht er-
messen, was sie mich da tatsächlich fragen. Natürlich
meinen sie damit auch, wie ich es geschafft habe, dem

Hinkley-Fall zu diesem Resultat zu verhelfen. Doch eigentlich geht es um eine viel grundlegendere Frage, nämlich die, wie ich es fertig gebracht habe, mein Leben zu ändern. Wie habe ich mich davor bewahrt, für immer in jenem Elend unterzugehen, das mir doch fast schon vorbestimmt schien? Woher habe ich die Kraft genommen, mich den Herausforderungen und Hindernissen entgegenzustellen, die sich zwischen mir und einem erfolgreichen Berufsleben aufgetürmt hatten? Wie konnte ich es trotz Legasthenie, Armut und Einsamkeit als allein erziehende Mutter so weit bringen? Letztlich dreht sich alles um die Frage, wie ich es anstellte, Berge zu versetzen, die ich und andere mir in den Weg gestellt hatten, um zu dem Menschen zu werden, der ich eigentlich immer gewesen war, dessen Leben nur lange Zeit in den falschen Bahnen gelaufen ist.

Ja, wie wohl?

Die Antworten auf diese Fragen finden sich in einer ganz anderen Geschichte, die beginnt, als ich ein kleines Mädchen in Kansas war, das sich aufmachte auf eine lange, beschwerliche und am Ende lohnenswerte Reise hin zu Selbsterkenntnis, innerem Wachstum und emotionaler Stärke.

Und diese Geschichte handelt nicht so sehr davon, *was* ich in meinem Leben getan habe, sondern vielmehr davon, *wie ich es getan habe.*

2.

Gespräche mit mir selbst

Ich wuchs in Lawrence, Kansas, auf. Meine Eltern waren wunderbare Menschen, für die ein intaktes Familienleben und Fürsorge für die Kinder feststehende Werte waren. Ihre Ehe war nach damaligem Maßstab eher modern, und in ihrer Lebensweise waren sie ihrer Generation sowohl sozial als auch wirtschaftlich ein Stück voraus. Beispielsweise haben meine Eltern, so lange ich denken kann, beide außer Haus gearbeitet. Mein Vater war Ingenieur und meine Mutter Journalistin. In ihrer Beziehung waren sie gleichberechtigte und gleichwertige Partner, was insofern aus dem Rahmen fiel, als meine Mutter einer Frauengeneration angehörte, für die Heiraten gleichbedeutend mit Zuhausebleiben, Kinderkriegen, Kochen und Putzen war.

Vom Tage meiner Geburt an haben sie mich bedingungslos geliebt, und sie haben alles daran gesetzt, mir ihre moralischen Werte weiterzugeben; Werte, die auf persönliche Integrität setzten. Achtung vor der Familie zu haben war das oberste Gebot. Meine beiden älteren Brüder, Tommy und Frankie, meine ältere Schwester Jodie und ich wurden alle gleich behandelt – unabhängig von unserem Alter oder Geschlecht. Und obwohl wir nicht religiös erzogen wurden, gab es in unserem Haus doch etwas, das ich als ein *gutes Karma* bezeichnen möchte, eine Spiegelung dessen, was unsere Eltern uns an Werten beigebracht hatten.

Meine Eltern teilten die Überzeugung, dass das Schlimmste, was wir im Leben tun könnten, wäre, einander zu belügen. Es gab in unserer Familie bestimmte Regeln, die niemand jemals brach. Für uns Kinder war eine Lüge gegenüber den Eltern so ziemlich das Schrecklichste, was wir anstellen konnten. Wir hatten gelernt, dass Ausdauer und Hartnäckigkeit besser waren als Heuchelei und Verschlagenheit, wenn es darum ging, die kleinen und großen Hindernisse zu überwinden, die uns das Leben in den Weg warf.

Die Unterstützung durch unsere Eltern war für uns Kinder eine konstante Größe – ob an guten oder schlechten Tagen, in Krisenzeiten oder Zeiten ohne Probleme. Sie waren immer für uns da. Dabei verzichteten sie bewusst darauf, uns irgendwelche Moralpredigten zu halten, sondern lebten uns lieber vor, was sie für

> **Obwohl wir nicht religiös erzogen wurden, gab es in unserem Haus doch etwas, das ich als ein *gutes Karma* bezeichnen möchte, eine Spiegelung dessen, was unsere Eltern uns an Werten beigebracht hatten.**

gut und richtig hielten. Aus heutiger Sicht wird mir klar, dass ich verkannte, welch großes Geschenk dieser moralische Rückhalt bedeutete. Stattdessen rebellierte ich auch noch dagegen, als ich ein Teenager war. Ich glaubte damals, mein Leben müsse vollkommen anders verlaufen als ihres. Deshalb bin ich jahrelang orientierungslos durch mein Schicksal geirrt wie durch eine große Wüste. Erst als ich in den Hinkley-Fall einstieg, war ich endlich bereit, auf diesen enormen Fundus zurückzugreifen, den ich seit meiner Kindheit besaß.

* * *

Wir alle haben unsere Vorstellungen darüber, wie die Dinge sein sollten und wie nicht. Ein Satz, den ich bereits als Kind gelernt hatte und den ich versucht habe, an meine Kinder weiterzugeben, lautet: „Beurteile ein Buch nicht nach seinem Umschlag." Das ist uns zwar allen geläufig und leuchtet auch sofort ein, aber wir tun es dennoch immer wieder. Ich selbst habe seit meiner Grundschulzeit leidvolle Erfahrungen damit machen müssen, bis am Ende offiziell Legasthenie bei mir diagnostiziert wurde. Bis dahin – und es waren Jahre vergangen – hatte man mich stets als „hübsch, aber dumm" abgetan. Dabei war es im Grunde genommen doch nur so gewesen, dass ich nicht auf die gleiche Weise lernen konnte wie andere Kinder. Aber leider war nun einmal eine einzige Methode vorgesehen, und wenn sie für irgendein Kind nicht funktionierte, hatte dieses Kind eben Pech. *„Sie ist eben ein wenig dumm …"* Niemand interessierte sich dafür, ob ich ein freundliches Kind war oder ob es sich eventuell lohnte, den Grund für mein „Anderssein" herauszufinden.

Erst als ich auf der Highschool war und sich eine Lehrerin namens Kathy Borseath meiner annahm, änderten sich die Dinge für mich. Sie brachte eine Wende in mein Leben. Sie beobachtete mich und stellte fest, dass ich sehr wohl alles begriff, was man mir in der Schule beibrachte, in den schriftlichen Arbeiten aber dennoch versagte. Als sie erkannte, dass mit mir etwas nicht stimmte, schob sie mich nicht einfach als hoffnungslosen Fall ab, wie es alle anderen (außer meinen Eltern) bisher getan hatten. Sie gab mir die Möglichkeit, meine Prüfungen mündlich abzulegen, und ich bestand sie alle.

Das war für mich das erste Mal, dass jemand überhaupt in Erwägung zog, ich wäre unter Umständen nicht so dumm, wie alle glaubten – sogar ich selbst. Dank der Bemühungen von Kathy Borseath tat sich mir ein Weg auf, wie ich meine innere Kraft erkennen und nutzen könnte. Dazu bedurfte es der Freundlichkeit und des Engagements einer Lehrerin, die an mich glaubte, die sich nicht von dem täuschen ließ, was sich dem oberflächlichen Blick darbot, sondern die Werte erkannte, die in mir schlummerten. Alle anderen hatten sich vom äußeren Eindruck leiten lassen, den sie für die Summe all dessen hielten, was ich zu bieten hatte. Kathy Borseath verdanke ich es, dass ich 1978 tatsächlich meinen Highschool-Abschluss machen und mich an der Kansas State University einschreiben konnte.

Unglücklicherweise gestaltete sich für mich – wie wahrscheinlich für eine Menge anderer Leute ebenfalls – der Weg hin zu innerer Stärke und geistiger und intellektueller Reife unerwartet kurvenreich und holperig. Er ähnelte eher jenem Pfad, den Dorothy im „Zauberer von Oz" gehen muss – voller Ablenkungen und Hindernisse, die uns eher von unserem gesteckten Ziel abhalten, anstatt uns ihm näher zu bringen. Während meines ersten Jahres an der Universität türmten sich diese Hindernisse überall bedrohlich hoch auf.

Zum ersten Mal war ich frei von den Einschränkungen, die das Leben bei den Eltern mit sich brachte. Und es gab keine Kathy Borseath, die ein Auge auf mich hatte, die mir Mut machte und mir den richtigen Weg wies. Ich war allein – eine große, gut gebaute Blondine, achtzehn Jahre alt und beliebt –, und ich verfiel sofort wieder in dieses Verhalten, mit dem ich seit Kindertagen meine Minderwertigkeitskomplexe überspielte. Heute bin ich sicher, dass ich vor lauter Versagensangst meine Bücher links liegen ließ und mich buchstäblich von der Uni „herunterfeierte". Das gab mir zumindest eine gute Ausrede, weshalb ich meinen Abschluss nicht bekam. Dafür

brachte ich es zu meisterhaften Leistungen auf dem Ge-
biet der Partyabenteuer. Meine Mitbewohnerin sagte mir
eines Tages kichernd, dass sie vor mir noch niemanden
erlebt hätte, der es in einer Masse von 20.000 Studenten
mit solch einer Perfektion fertig brachte, bemerkt zu
werden.

Tja, das konnte ich eben wirklich gut. Ich liebte es, bis
in die frühen Morgenstunden zu feiern und am nächsten
Tag bis vier Uhr nachmittags zu schlafen. Am Abend ging
es dann wieder von vorn los. Dadurch versäumte ich
natürlich sämtliche Lehrveranstaltungen, aber es war eine großartige Zeit. Das dachte ich wenigstens damals. In
Wirklichkeit war es ungefähr so wie das Klatschmohnfeld, das Dorothy auf dem Weg nach Oz durchqueren
muss und das sie und ihre Begleiter schläfrig macht. Meine ununterbrochene Party fand ein jähes Ende, als mein
Vater mein erstes Zeugnis sah. Er sprach ein Machtwort:
„Schluss damit." Ich bettelte und flehte, aber er ließ sich
nicht erweichen.

Immerhin konnte ich ihn dazu überreden, mich auf
das Wade Business College in Dallas wechseln zu lassen
– ein privates Handelskolleg, auf dem man die kaufmän-
nische Seite des Modedesigns und der Innenarchitektur
erlernte. Das erlaubte mein Vater allerdings nur, weil
mein Bruder Tommy zu jener Zeit in Dallas lebte und
versprach, auf mich aufzupassen. Ich schwor meinen Eltern hoch und heilig, fortan ernsthaft zu studieren und
mich auf mein späteres Berufsleben vorzubereiten. Ich
spielte sogar mit dem Gedanken, mich hinterher eventuell selbstständig zu machen. Und diesmal versuchte ich
tatsächlich, zu meinem Wort zu stehen. Doch leider stieß
ich auf dieselben leidigen Lernprobleme wie eh und je,
und aus einem fehlgeleiteten Selbstschutzinstinkt heraus

konzentrierte ich mich schon bald wieder auf meine beiden Lieblingsthemen: Jede Menge Spaß und heiße Jungs.

Das war 1980, und ganz Amerika schwärmte für die Fernsehserie *Dallas*. Entsprechend war die Stadt vollkommen aus dem Häuschen. Ich war gerade neunzehn geworden, glaubte mich frei und unabhängig und tat mich gleich im ersten Semester mit den notorischen Partyhaien unter meinen Mitstudenten zusammen.

Der Ärger ließ nicht lange auf sich warten. Immer wieder flog ich aus irgendwelchen Kursen; einmal wurde ich für drei Tage suspendiert, weil ich keinen BH trug (ich fand, dass ich keinen bräuchte, da mein Busen nicht außergewöhnlich üppig war). Ein anderes Mal wurde ich für drei Tage gesperrt, weil ich mich weigerte, eine Strumpfhose anzuziehen. Ich *hasste* Strumpfhosen und sah überhaupt nicht ein, warum ich welche tragen musste.

Irgendwie schaffte ich es trotzdem, das Zwei-Jahres-Programm innerhalb von neunzehn Monaten zu absolvieren, indem ich zusätzliche Sommerferienkurse belegte. Nebenbei verdiente ich mir mit allen möglichen Jobs ein paar Extradollar hinzu. Einer dieser Jobs war das Anwerben von Mitgliedern für einen Fitnessclub, und bei dieser Arbeit entdeckte ich erstmals ein Talent an mir, von dem ich bisher nichts gewusst hatte. Diese Werbegespräche beherrschte ich richtig gut! Die Leute mochten mich und schienen sich wirklich für das zu interessieren, was ich ihnen erzählte. Eine Zeit lang arbeitete ich in einem Herrenbekleidungsgeschäft. Dort wurde ich zur „Verkäuferin des Monats" gekürt – und zwar *jeden Monat*. Im Nachhinein wird mir klar, dass ich diese Jobs gut machte, weil ich sie *gern* machte. Genau das hatte mein Vater mir immer gesagt: „Wenn du das machst, was du gern machst, dann hast du auch Erfolg damit." Langsam begann ich zu erkennen, dass diese Worte sich auf mein ganzes Leben anwenden ließen.

Alles in allem haben mir meine Jahre auf dem College ein paar wichtige Erfahrungen eingebracht. Ich war zwar nach wie vor eine Partylöwin, aber ich nutzte dieselben Fähigkeiten, die mich zum gern gesehenen Partygast machten, nebenher zum Geldverdienen. Im zarten Alter von neunzehn Jahren machte ich meinen Fachhochschulabschluss in Modevertrieb und Innenarchitektur.

Der Tag, an dem ich den Abschluss bekam, war für mich in mehr als einer Hinsicht ein besonderer Tag. Ich empfing nicht nur den Lohn für meine Mühen, sondern ich hatte mir selbst bewiesen, dass Kathy Borseath Recht gehabt hatte, als sie sagte, ich müsste meine so genannten Schwächen in Stärken verwandeln, um wirklich gut lernen zu können. Nun war sie zwar nicht bei mir gewesen, um mich zu unterstützen, aber jener Ruck, den sie mir seinerzeit gegeben hatte, hatte mich in die richtige Richtung gelenkt. Mit ihrer Hilfe und der meines Vaters, dessen Ratschläge mir beständig durch den Kopf gingen, hatte ich es geschafft, bei allem, was ich tat, etwas zu entdecken, das mir Freude machte. Und weil mich die Dinge interessierten, *wollte* ich sie bestmöglichst können. Für mich bedeutete dieser Abschluss am Wade College so viel, als hätte ich aus eigener Kraft den Weg aus dem einschläfernden Klatschmohnfeld wieder auf die Straße nach Oz gefunden.

*   *   *

Kurz nach meinem Abschluss, im Herbst 1980, bekam ich ein Jobangebot von Neiman Marcus – in ihrem Vorzeigeladen in Dallas. Ich hätte dieses Angebot auch angenommen, wenn ihr höchstes Gehaltsangebot nicht bei 9.000 Dollar jährlich gelegen hätte, was mir damals viel

zu wenig schien. Also lehnte ich ab und nahm eine Stelle
bei der Kmart-Kette an, wo mein Anfangsgehalt immerhin 22.000 Dollar sein sollte. Außerdem boten sie mir einen Posten in Los Angeles an, was ich ausgesprochen
verlockend fand. Andererseits war ich bisher noch nie so
weit weg von zu Hause gewesen, und ich zögerte ein wenig, weil ich mich vor eventuellen Heimwehattacken
fürchtete. Mein Vater hingegen riet mir zu und meinte,
ich könne jederzeit nach Lawrence zurückkommen,
wenn ich mich in Los Angeles nicht wohl fühlte.

Also folgte ich seinem Rat und nahm den Job an. Ich
ging gemeinsam mit Lisa Runyon nach L. A. Mit ihr hatte ich am Wade College studiert und das Zimmer im Stu-
dentenwohnheim geteilt. Sie hatte ebenfalls eine Stelle
bei Kmart bekommen, allerdings in einer Filialie in Hun-
tington Beach, während ich in einem Geschäft in Orange
County arbeiten sollte. Wir mieteten uns in einem der be-
gehrten Single-Viertel der Stadt ein – in Newport Beach.
Alles ließ sich phantastisch an! Newport Beach war der
beste Single-Strand weit und breit!

Leider sah es mit dem Job entschieden weniger rosig
aus. Ich hielt gerade mal drei Monate durch, dann kün-
digte ich. Der öde Geschäftsalltag ging mir gehörig auf
die Nerven. Dauernd musste ich die Waschräume sauber
machen, die von Kindern irgendwelcher Kunden verwüs-
tet worden waren. Meiner damaligen Ansicht nach ver-
trugen sich derartige Tätigkeiten einfach nicht mit dem,
wofür ich eigentlich studiert hatte. Das Entscheidende
aber war, dass ich viel zu gern feierte, um mich durch so
nebensächliche Dinge wie dem Karrieremachen davon
abhalten zu lassen.

Nachdem ich gekündigt hatte, beschloss ich, für immer
in Kalifornien zu bleiben, und zog zu meinem Bruder

Tommy, der schon längere Zeit in L. A. lebte. Sicherlich hat mein Vater mir auch nur deshalb erlaubt, dort zu bleiben. Tommy hatte versprochen, auf Lisa und mich aufzupassen. Lisa zog bald darauf ebenfalls zu uns. Zu dritt verbrachten wir unser erstes Weihnachten in Kalifornien – am Strand! Wir packten unsere Geschenke aus, veranstalteten eine Grillparty und fühlten uns wie im Paradies. Schließlich kamen Tommy und ich aus Kansas und Lisa aus Illinois. Wir alle hatten Weihnachten bislang nur im tiefen Schnee erlebt.

Als frisch gebackene Arbeitslose wollte ich mich erst einmal in Ruhe zurücklehnen und mein Leben genießen. Leider stieß ich damit bei Tommy auf vollkommenes Unverständnis. Ich erinnere mich noch, dass er mich eines Tages bat, im Laden an der Ecke Zigaretten zu besorgen. Ich sagte, klar, würde ich tun. Dreißig Minuten später stand er in der Tür zu meinem Zimmer und sah, dass ich immer noch damit beschäftigt war, mich anzuziehen und zu schminken. „Das glaube ich doch nicht", sagte er. „Du bist immer noch nicht weg? Inzwischen hätte ich zehnmal da gewesen sein können."

„Na ja", antwortete ich, „dann hättest du vielleicht gleich gehen sollen."

„Was tust du eigentlich, Erin?" Ich stand vor dem Spiegel und trug mein Make-up auf.

„Ich mache mich zurecht."

„Großer Gott, wen willst *du* denn beeindrucken?"

Ich blickte ihn an und sagte ruhig: „Mich."

Und es stimmte. Es war niemand sonst in der Nähe, und die Wahrscheinlichkeit, irgendeinen aufregenden Mann auf dem Weg zu treffen, war eher gering. Es war mitten am Tag, und alle interessanten Männer waren um diese Zeit bei der Arbeit. Aber ich wollte für *mich* gut aussehen. Damals war mir meine Erscheinung nicht nur wichtig – sie war das Wichtigste überhaupt. So gesehen wundert es mich im Nachhinein wenig, dass ich mich kurz darauf in der Welt der Miss-Wahlen wiederfand. Anfangs lief es toll für mich, und ich schaffte es bis zur „Miss Pacific Coast 1981". Dummerweise war diese Welt jedoch um ein Vielfaches langweiliger und eintöniger, als ich es mir ausgemalt hatte. War es beim ersten Mal noch aufregend und neu gewesen, so kapierte ich dann doch ziemlich schnell, dass es wirklich einzig und allein darum ging, wer am besten aussah, die teuersten Kleider trug, das hübscheste Gesicht hatte – wobei es niemanden auch nur die Bohne interessierte, wer man war. Ein Gutes hatte die Sache allerdings: Ich erkannte endgültig, dass ich meinem Äußeren viel zu viel Bedeutung beigemessen hatte. Und mir wurde klar, dass diese ganze Starker-Kerl-und-Bikini-Mäuschen-Nummer nichts für mich war. Natürlich hatte ich immer gewusst, dass ich gut aussah. Aber das war noch lange kein Grund, weshalb sämtliche männlichen Wesen in diesem Miss-Wahlen-Geschäft sich einbilden durften, ein verbürgtes Recht darauf zu besitzen, mit jeder Bewerberin ihrer Wahl zu schlafen! Ich fühlte mich schlecht behandelt und ausgenutzt (ganz zu schweigen davon, dass ich meine Zeit mit einigen der boshaftesten Mädchen der Nation verbringen musste!).

Also verabschiedete ich mich von diesem Zirkus und stand mit zweiundzwanzig wieder genau da, wo ich vorher gewesen war: Ich hatte kein Ziel, keine Interessen und trieb einfach vor mich hin. Eigentlich wartete ich darauf, dass irgendein Impuls von außen käme, der mich in eine bestimmte Richtung lenkte.

Wieder einmal schien es ohne viel Aufwand meinerseits zu klappen. Ich bekam einen Job bei einer alteinge-

sessenen, traditionsreichen Elektroanlagenbau- und In-
stallationsfirma. Von der Arbeit dort hatte ich zunächst
zwar keine Ahnung, aber es machte mir Spaß und war
weit befriedigender als die Teilnahme an einer Miss-
Wahl. Ich hatte den Eindruck, dass ich gut zurecht kam –
sogar so gut, dass ich mit dem Gedanken spielte, meinem
Vater nachzueifern und Elektroingenieurin zu werden.
Mir gefiel meine Arbeit, und ich lernte mehr und mehr
dazu, bis ich eines Tages, nach einigen Monaten in der
Firma, aus heiterem Himmel gefeuert wurde. Dieselbe
Frau, die mich eingestellt hatte, teilte mir mit, ich wäre
mit sofortiger Wirkung gekündigt. Als sie mich nach meinem Bewerbungsgespräch durch den Betrieb geführt hatte, um mir alles zu zeigen, trug ich ein eng anliegendes
weißes Kleid, und prompt verrenkten sich alle männlichen Angestellten die Köpfe nach mir. Sie hatte gleich gesagt: „Ich schätze, es ist ein Fehler, und ich weiß auch
nicht, warum ich es mache, aber ich werde Ihnen eine
Chance geben." Wahrscheinlich waren sie zu dieser Zeit
händeringend auf der Suche nach Personal. Wie dem
auch sei, ich wurde eingestellt.

Und wieder entlassen.

Offenbar hatten sich ihre Befürchtungen bewahrheitet:
Die Männer im Büro mochten mich, und ich mochte sie,
aber es war wohl ein bisschen zu viel des Guten. Und obwohl ich mir solche Mühe gab, hatte ich immer noch
nicht den richtigen Weg gefunden, den Leuten zu zeigen,
wer ich wirklich war (wobei meine superkurzen Röcke
nicht unbedingt geholfen haben dürften). Was mir im pri-
vaten Bereich jede Menge Pluspunkte brachte – mein
Aussehen und mein natürlicher Hang zum Vergnügen –,
war nach wie vor im Berufsleben ein echter Stolperstein
für mich.

Trotzdem: Auch wenn ich gefeuert wurde, war diese Erfahrung insgesamt positiv für mich, weil sie mir zumindest bestätigt hatte, dass ich etwas lernen konnte. Ich hatte gesehen, was ich mir aneignen konnte. Hätte man mich gelassen – und ich gewollt –, dann hätte ich ohne weiteres mit den anderen mithalten können. Und das, obwohl gerade diese Branche absolut männerdominiert war. Demzufolge war ich entschlossener denn je, mir auf der Stelle einen neuen Job zu suchen und mich beruflich weiterzuentwickeln.

Torschlusspanik

Kurze Zeit später begegnete ich Shawn Brown, einem Maler und Lackierer. Wir gingen ein paar Mal zusammen aus, und ehe ich es mich versah, waren wir ein Paar. Es dauerte nicht allzu lange, bis wir begannen, Heiratspläne zu schmieden. Rückblickend betrachtet, war es für mich niemals eine Entscheidung „aus Liebe“, sondern eher etwas, das man in meinem Alter einfach tat. Schließlich machten es die anderen Mädchen auch. Es war exakt das, was, wie ich glaubte, von mir *erwartet* wurde. Wahrscheinlich ist es so eine Art „Heimatstadtsyndrom“. In meiner Heimatstadt Lawrence hatte ich einer Mädchenclique angehört, und über lange Zeit orientierte ich mich an dem, was meine Freundinnen taten. Amy, Susan, Maylee, Shelley, Laurie, Brent, Janie, Lisa, Lynn und Betty – wir hatten uns mit den wildesten Burschen herumgetrieben und nur für Parties gelebt! Man nannte uns damals die „Hexengang“. Mittlerweile hatten sie alle geheiratet, und die meisten von ihnen hatten schon Kinder. Also wurde mir langsam unheimlich bei dem Gedanken, als Letzte übrig zu bleiben. Tja, und in dem Moment tauchte Shawn auf, und ich dachte mir, wenn ich schon einen Ehemann brauchte, könnte es ebenso gut dieser Mann sein. Ich nahm ihn mit nach Lawrence und stellte ihn meinen Eltern vor.

Die Nachricht von meiner Verlobung begeisterte sie überraschenderweise ganz und gar nicht. Shawn war ein Anstreicher und dazu erst zwanzig Jahre alt. *Ein jüngerer Mann!* Meine Eltern machten keinen Hehl aus ihren Vorbehalten, doch ich war wild entschlossen.

Wir heirateten am 24. April 1982, und im September desselben Jahres war ich schwanger. Als ich erfuhr, dass ich ein Baby bekommen würde, musste ich meine Stelle im Karl-Meininger-Institut in Topeka aufgeben. Ich arbeitete dort als Sekretärin und mochte meine Arbeit. Auf diesem Posten konnte ich meine natürliche Begabung im Umgang mit anderen mit meiner neuen Erkenntnis, dass auch ich lernfähig wäre, ideal verbinden.

Und ich hätte den Job auch behalten können, hätte es nicht Komplikationen mit der Schwangerschaft gegeben. Mein Arzt diagnostizierte eine *Placenta praevia*; das bedeutet, dass meine Plazenta nicht oben in der Gebärmutter lag, sondern unten. Deshalb musste ich die meiste Zeit meiner Schwangerschaft im Bett liegend verbringen. Acht Monate tat ich nichts außer essen. An dem Abend, als Matthew geboren wurde, war ich so furchtbar angeödet gewesen, dass ich aufgestanden und ins Kino gegangen war. Ich sah mir „E. T." an, was sich als ein Fehler erwies. Bevor der kleine Kerl das erste Mal seinen magischen Finger hob und, „nach Hause telefonieren" sagte, musste ich im Eiltempo ins Krankenhaus gebracht werden. Die Ärzte machten einen Notkaiserschnitt, auf den prompt eine, wenn auch nicht dramatische, Blutvergiftung folgte.

Noch bevor ich die Klinik wieder verließ, fiel ich in eine schwere Wochenbettdepression. Das hing unter Umständen damit zusammen, dass ich nach Matthews Geburt sagenhafte 86 Kilo auf die Waage brachte. Meine psychische Verfassung besserte sich nicht unbedingt, als ich kurz nach unserem Umzug nach St. Louis – Shawn war versetzt worden – den Verdacht hatte, dass mein Mann fremdging. Ich war eine junge Mutter mit Baby, weit weg von meiner Familie und meinen Freunden, und ich war fest davon überzeugt, dass Shawn mich betrog. Für mich war es ein entsetzlicher Schlag, und für unsere Ehe bedeutete es das Ende. Aus rein praktischen Beweggründen blieben wir zusammen, aber mir war klar, dass wir die längste Zeit ein Paar gewesen waren. Shawn hatte meine Vorstellungen von Familie hintergangen, meine moralischen Grundsätze verraten und mein Selbstwertgefühl in seinen Grundfesten erschüttert. Fortan widmete ich mich ausschließlich meinem Baby.

*   *   *

Entgegen all meiner Absichten und tiefsten Überzeugungen wurde ich, kurz bevor Shawn ausziehen wollte, wieder schwanger. Matthew war fünfzehn Monate alt, als Katie geboren wurde. Mit dem zweiten Baby wurde mein Leben um einiges komplizierter. Zum einen war ich der Verantwortung für zwei Kinder, die so dicht aufeinander folgten, kaum gewachsen, und zum anderen wurde meine Ehe, die aus meiner Warte ohnehin schon am Boden war, zusehends bröckeliger. Ich konnte Shawn nicht verzeihen, dass er mich belogen hatte. Liebe hin oder her – mein Vertrauen war unwiederbringlich dahin.

Kurz nach Katies Geburt mussten wir mal wieder umziehen. Diesmal ging es nach Lodi, Kalifornien, wo

Shawn einen Job bei einer neuen Imbisskette bekommen hatte. Ein weiteres Mal schien es mir, als würde mein Leben irgendwie ohne mich stattfinden. Shawn war beinahe immerzu fort, und ich saß mit den Kindern allein zwischen Tacos, Tacos, Tacos!

Binnen kürzester Zeit war ich so gelangweilt, dass ich beim Kmart am Ort buchstäblich jeden neuen Wassersprengaufsatz für Gartenschläuche kaufte, den sie anboten. Sobald die Kinder ihren Mittagsschlaf machten, stand ich im Vorgarten und probierte sie aus – händeringend auf der Suche nach einem Wassersprenger, der stark genug war, um die Spinnweben der Schwarzen Witwen wegzupusten. Es dürfte wahrscheinlich niemanden besonders interessieren, aber in Lodi gibt es die größten Schwarzen Witwen der Welt. Und ich fühlte mich, als säße ich als Gefangene in einem ihrer Netze. Wir wohnten in einer kleinen Doppelhaushälfte, hatten keine Freunde und gingen nie aus. Ich bekam Angstzustände, die sich von Zeit zu Zeit in ernst zu nehmende Panikattacken steigerten. Ich war einsam, ungeliebt, und ich vermisste meine Eltern. Darüber hinaus glaubte ich mich der Aufgabe nicht gewachsen, zwei kleine Kinder großzuziehen.

Als meine psychische Verfassung ihren kritischsten Punkt erreichte, wurde Shawn nach Reno in Nevada versetzt. Ich beschloss, nicht mitzugehen, und sagte es ihm. Er war wütend und warf mir vor, ich würde ihn im Stich lassen. Am Ende ging er nach Reno, und ich zog zu meinen Eltern zurück nach Lawrence. Ich wollte einen klaren Schnitt machen, doch zu meiner Verwunderung überredeten Mom und Dad mich, um der Kinder willen zu meinem Mann zurückzukehren und meine Ehe zu retten. Sie sagten, wenn ich es machte, würden sie uns beim

Kauf eines Hauses in Reno unterstützen, damit wir endlich „sesshaft" werden konnten.

Widerwillig nahm ich ihren Rat an. Dabei hätte ich eigentlich wissen müssen, dass es sinnlos war. Die Spannungen zwischen Shawn und mir wuchsen auf ein unerträgliches Maß. Ich suchte mir einen Job und fand eine Stelle bei einem Maklerbüro. Ich sollte den Maklern zuarbeiten. Diese Arbeit schien ideal für mich, da ich ein beinahe fotografisches Gedächtnis habe. Ich kann einen 500-seitigen Bericht lesen und hinterher genau sagen, an welchen Stellen Ungenauigkeiten auftreten. Dieser Begabung verdanke ich, dass ich den Job bekam. Doch leider scheiterte ich an meiner Legasthenie, die mich dumme und kostspielige Fehler machen ließ. Einmal bat mich ein Mandant, sein Konto zu prüfen und ihm zu sagen, wie viel Geld er noch hätte. Ich tat es und teilte ihm mit, dass da noch 16.000 Dollar stünden, dabei waren es in Wahrheit nur 1.600 Dollar.

Dass ich daraufhin nicht gefeuert wurde, lag einzig und allein daran, dass meine unmittelbaren Vorgesetzten mich mochten – besonders ein Vorgesetzter namens Steve Brockovich. Steve und ich verstanden uns prächtig, und Shawn war fest davon überzeugt, dass wir eine Affäre hätten. So viel zum Thema „Schuldprojektion". Ich ließ mich auf seinen Vorschlag ein, es mit einer Eheberatung zu probieren. Dabei hatte ich vor allem das Ziel, ihm endgültig klar zu machen, dass unsere Ehe am Ende war. Wir gingen hin, aber es brachte überhaupt nichts. Shawn wollte es nun einmal nicht wahrhaben, und deshalb hörte er einfach nicht zu. Im Frühjahr 1987 tat ich den entscheidenden Schritt und reichte die Scheidung ein.

Anderthalb Jahre später erhielt Steve ein Angebot, als stellvertretender Geschäftsführer bei Dean Witter Reynolds anzufangen. Ich wechselte mit ihm die Firma. Für zwei Jahre arbeitete ich dort als seine direkte Assistentin, und irgendwann begannen wir, zusammen auszugehen. 1989 wurde Steve mein zweiter Ehemann.

Obwohl Shawn zu diesem Zeitpunkt längst nichts mehr mit meinem Leben zu tun hatte, war er wütend und beleidigt, als er davon erfuhr. Und er kam zu dem Schluss, dass *ich* diejenige von uns beiden war, die die Ehe verraten hatte. Also plante er, mir mein Leben zur Hölle zu machen. Er rief dauernd an, unter dem Vorwand, sich nach den Kindern erkundigen zu wollen. Doch in Wirklichkeit wollte er mich beschimpfen. Er erfand alle möglichen Verunglimpfungen für meinen neuen Namen, die ich hier nicht wiedergeben möchte. Wir hatten ein gemeinsames Sorgerecht für die Kinder vereinbart, und Shawn nutzte es, um die Kinder und mich zu piesacken. Er brachte sie entweder zu spät zurück, wenn sie bei ihm waren, oder – was noch viel schlimmer war – er „vergaß", sie abzuholen.

Steve ging das Verhalten meines Ex-Mannes ziemlich auf die Nerven. Immerhin gelang es Shawn auf diese Weise, sich wieder und wieder in unser Leben zu drängen. Außerdem zahlte Shawn keinen Unterhalt für die Kinder, so dass Steve für uns alle aufkommen musste. Unterdes zerrte ich meinen Ex-Mann ein ums andere Mal vor Gericht, damit er seinen Unterhaltspflichten nachkam.

Es war aussichtslos.

Um unsere finanzielle Belastung zu verringern, beschloss ich, mir Arbeit zu suchen. Aber um arbeiten gehen zu können, musste ich die Kinder bei meinen Eltern in Kansas unterbringen, was mich ungeheure Überwindung kostete. Andererseits waren es schließlich nicht Steves Kinder, sondern meine, und ich musste sicherstellen, dass sie gut versorgt waren, bis ich wieder festen Boden unter den Füßen hatte.

Ich fand eine Stelle in einer Werbeagentur, die sich unerwarteterweise als einer der raren Lichtblicke innerhalb meiner Biografie entpuppen sollte. Seit langer Zeit stand ich endlich wieder morgens auf und freute mich auf den Tag. Ich genoss es, von kreativen Menschen umgeben zu sein, und meine Arbeit machte mir sehr viel Spaß. Der einzige Haken war, dass ich nach acht bis neun Stunden regelmäßig einen zerknirschten Ehemann zu Hause vorfand. Wie sich herausstellte, hatte Steve Probleme, sich an meine neue Unabhängigkeit zu gewöhnen. Er wurde von Tag zu Tag missgestimmter und nörgelte unentwegt an mir herum.

Da ich bislang widerspruchslos zugelassen hatte, dass Steve mit seiner dominanten Persönlichkeit meine fortwährend unterdrückte, war es natürlich nur eine Frage der Zeit gewesen, bis sich ernst zu nehmende Konflikte einstellten. Mein ohnehin nicht berühmtes Selbstvertrauen sank auf den absoluten Tiefpunkt. Ich erkannte, dass ich etwas unternehmen müsste, und überlegte mir eine Lösung, die ich für besonders wirkungsvoll hielt: Ich ließ mir die Brust vergrößern!

Ob Sie es glauben oder nicht – *es hat gewirkt!* Von heute auf morgen schenkten mir die Männer mehr Beachtung als je zuvor.

Und dann, wie auf Stichwort, wurde ich schwanger.

Steve erklärte mir, dass er auf keinen Fall ein Kind in seinem Leben wollte, und mir fehlte die innere Kraft, ihm zu widersprechen. Also ließ ich schweren Herzens eine Abtreibung vornehmen. Es war eine der furchtbarsten

Entscheidungen, die ich jemals getroffen habe, und ich
tat es eigentlich nur, weil ich glaubte, auf diese Weise meine Ehe zu retten.

Damit lag ich vollkommen daneben. Wie sollte es danach besser werden? Ganz im Gegenteil: Unsere Beziehung verschlechterte sich auf ganzer Ebene. Ich durch-
lebte eine Phase schlimmer Angstzustände, die diesmal in
einer massiven Magersucht gipfelten.

> **Sie half mir, den
> richtigen Weg zu
> finden –
> zurück zu mir.**

Ich wurde für vierzehn Tage
in ein Krankenhaus in Sparks,
Nevada, eingeliefert, wo die
Ärzte nach einer Therapie
suchten, meinen vollkommen
abgemagerten Körper wieder-
herzustellen. Zu dem Team, das sich um mich kümmerte,
gehörte Mary Ann Potter – eine fünffache Mutter, die eine beidseitige Brustamputation hinter sich hatte. Ihre Geschichte machte mir neuen Mut, und als ich ihr das sagte, legte sie mir die Hand auf die Schulter und meinte, so
wäre es gut. Dann versprach sie, mir zu helfen, den richtigen Weg zu finden – *zurück zu mir.*

Nachdem zwei Männer erfolgreich auf meinen Gefühlen herumgetrampelt waren und der eine mich sogar
so weit gebracht hatte, dass ich mein ungeborenes Kind
abtreiben ließ, fand ich in Mary Ann Potter endlich jemanden, der das bisschen Leben, das noch in mir war,
bewahren wollte.

Wir verbrachten viel Zeit zusammen, während derer
Mary Ann mich dazu brachte, mich an meine High-
school- und Collegezeit zu erinnern, daran, wie beliebt
ich damals gewesen war und wie viel mir meine Familie
bedeutet hatte – meine *richtige* Familie, das heißt: Meine
Mom und mein Dad, die mich um meinetwillen liebten –

nicht nur als das hübsche kleine Ding, wie die Männer, die ich geheiratet hatte.

Und Mary Ann tat etwas, was ich niemals vergessen werde. Sie forderte mich auf, in mein Zimmer zu gehen und alles mit mir selbst zu besprechen, *mit mir selbst zu reden*, um dieses Kapitel meines Lebens abschließen und weitergehen zu können.

Es war eine geniale Idee, die ich jedermann nur wärmstens empfehlen kann. Ich kenne keine wirkungsvollere Methode, dem eigenen Ich eine Stimme zu verleihen. Also redete ich mir *vor mir* alles von der Seele. Ich redete und redete, bis zum späten Abend. Für mich war es der beste Weg, meine Sorgen aus mir herauszulassen und zu erkennen, was ich fühlte. Man mag uns noch und nöcher vormachen, dass Menschen, die mit sich selbst sprechen, verrückt sind; ich bin der lebende Beweis dafür, dass solche Leute in Wirklichkeit ziemlich klar bei Verstand sind! Und es ist wahrlich aufregend, jemanden zu finden, der sich aufrichtig

> **Leute, die mit sich selbst sprechen, sind in Wirklichkeit ziemlich klar bei Verstand!**

für die eigenen Nöte interessiert und bis zum Schluss zuhört.

Wenn man Selbstgespräche führt, stellt man sehr schnell fest, dass man weder einen Freund noch einen Anwalt noch einen Guru um Rat fragen muss – man muss *niemanden* fragen. Man kann sich die Antworten nämlich selbst geben. Man muss sich lediglich die Chance geben, zuzuhören, nachzudenken und auf sich selbst einzugehen.

Am besten fängt man damit an, dass man sich vor den Spiegel stellt und sich laut fragt: „Was ist mir wirklich

wichtig?" Und dann nennt man laut alle Antworten, die
einem auf diese Frage einfallen.[*]

Überlegen Sie doch einmal, wie viele Talkshows wir
täglich im Fernsehen sehen können, oder wie vielen „Experten" wir viel Geld zahlen, weil wir glauben, sie wüssten, was in *unserem* Leben wichtig ist. Und nun frage ich
Sie, woher diese Leute eigentlich wissen sollen, was in
uns vorgeht. *Wir selbst sind die einzigen Menschen, die uns
wirklich kennen. Wir allein wissen, was gut für uns ist!* Wir
sind unsere innere Stärke. Wenn wir auf das Echo unserer Gefühle hören, finden wir die Antwort auf all unsere
Fragen in uns selbst.

Das Wichtigste aber ist – und mit diesem Punkt steht
und fällt der Erfolg unserer Selbstgespräche –, dass wir eine gehörige Portion *Ehrlichkeit* mitbringen. Wenn Sie sich
nämlich im Spiegel betrachten, wird es Ihnen schwer fallen, diesem Gesicht irgendwelche Lügen aufzutischen. *Ihr
Spiegelbild wird Sie unweigerlich ertappen.*

Es ist gar nicht so schwierig, ehrlich zu sein. Wer von
uns kann sich schon selbst ins Gesicht sehen und behaupten, er oder sie hätte niemals etwas angestellt, wofür
man sich schämen sollte? Nur sollte man diese Scham
nicht zur Arbeitsgrundlage für die Selbsterforschung machen, sondern die Ehrlichkeit, mit der wir sie erkennen
und zulassen. An jenem Abend, als ich erstmals ein
Selbstgespräch führte, habe ich mir reichlich die Leviten
gelesen und mir dabei ganz genau zugehört. Und ich war
bereit, das zu tun, was Dr. Potter mir geraten hatte: Mich

---

[*] Anmerkung: Nehmen Sie ein Diktiergerät und viele Bänder – wenn
Sie wollen, können Sie aus dem Gesprochenen ein Transkript verfertigen und haben so ein Tagebuch Ihrer Selbstfindung. Der Aufwand lohnt sich!

von dem zu verabschieden, was fortan meine Vergangenheit sein sollte.

Glauben Sie mir. Versuchen Sie es. Es funktioniert hundertprozentig.

Mein zweites Leben

Also zog ich einen Schlussstrich unter jenem Teil meiner Geschichte, der maßgeblich von meinem zukünftigen Ex-Mann Nr. 2 bestimmt gewesen war. Ich glaube, für ihn bedeutete mein Klinikaufenthalt so oder so, dass ich nunmehr als „psychisch krank" galt. Und Steve betrachtete es als eine inakzeptable Beschädigung seines guten Namens. Wahrscheinlich war das der Zeitpunkt, an dem meine zweite Ehe zu zerbrechen begann. Für Steve war ich als Ehefrau zu einem „Mängelexemplar" degeneriert.

Was soll's! Wenn Sie mich fragen, war mir das vollkommen egal. 1990 kamen wir überein, dass eine Scheidung das Klügste wäre. Und an dem Abend, als ich die Papiere unterzeichnete, trat ich vor den Spiegel, lächelte mein Spiegelbild an und gratulierte mir laut!

Nichtsdestoweniger verspürte ich während der darauf folgenden Wochen und Monate eine diffuse Angst. Obwohl ich im Stande gewesen war zu tun, was ich wollte, nagte etwas an mir. Wovor fürchtete ich mich? Eines Abends stellte ich mir diese Frage laut, und die Antwort folgte prompt. Am meisten fürchtete ich mich davor, wieder einsam zu sein, ohne einen Mann. Ich hatte Angst, dass ich zwei Monate, wenn nicht gar zwei *Jahre* durchstehen müsste, ohne Sex zu haben!

Verstehen Sie mich bitte nicht falsch. Ich bewundere Menschen, die sich binden und dabei bleiben. Und ich

> **Am meisten fürchtete ich mich davor, wieder einsam zu sein, ohne einen Mann.**

hätte gern einen Partner gehabt, mit dem ich mein Leben teilen könnte. Aber stattdessen hockte ich hier, neunundzwanzig Jahre alt, zweimal geschieden, und ich war mutterseelenallein. So gesehen fiel es mir nicht schwer zu erkennen, was mir fehlte und mich ängstigte. Meine Selbstgespräche halfen mir, und eine kleine Episode aus dieser Zeit zeigte mir, dass ich damit auf dem richtigen Weg war. Ich erzählte einer Freundin, was mich bedrückte, und sie hatte offenbar keinen Schimmer, was genau ich damit meinte, denn sie antwortete kichernd: „Ach so. Ich weiß, was du brauchst. Geh und kauf dir einen Vibrator. Dann geht's dir gleich besser!"

Auf jeden Fall brachte mich ihre geistreiche Bemerkung dazu, mich selbst noch einmal einer mündlichen Selbstprüfung zu unterziehen. Und ich hatte nur eine einzige Frage an mich: Warum blieb ich nicht dabei, nur mit mir selbst zu sprechen?

In den Monaten nach der Scheidung überdeckte die körperliche Distanz zwischen Steve und mir die Erinnerung daran, wie weit wir emotional voneinander entfernt gewesen waren, als wir noch zusammenlebten. Ich war vollkommen isoliert, allein mit zwei Kindern, ohne Geld, ohne eine klare Richtung für die Zukunft und mit einer erbärmlichen Vergangenheit. Währenddessen schienen alle Männer um mich herum sich ausschließlich für meine neue Körbchengröße zu interessieren. Und zum ersten Mal erkannte ich, dass dieses Interesse überhaupt gar keines war. Ganz im Gegenteil: Seit ich meinen Busen vergrößern lassen hatte, empfand ich stärker denn je, dass ich mehr war als nur eine nette Erscheinung – oder zumindest mehr sein wollte. Immerhin wusste ich nun, dass meine neuen Brüste keine bahnbrechende Wende in meiner Existenz bewirken konnten.

Was meine emotionale Entwicklung betraf, hatte ich einige grundlegende Schritte nach vorn gemacht. Aber mir war durchaus bewusst, dass ich erst ganz am Anfang stand. Wenn ich das zu Ende bringen

> **Zum ersten Mal erkannte ich, dass dieses Interesse der Männer überhaupt gar nichts mit mir selbst zu tun hatte.**

wollte, was ich unter Anleitung von Dr. Potter begonnen hatte, nämlich mich selbst erkennen und Zutrauen zu mir gewinnen, dann lag noch ein weiter Weg vor mir.

* * *

Ich machte zusehends Fortschritte. Mir war nach wie vor wichtig, was andere von mir dachten; ich wollte immer noch beliebt sein, aber vor allem wollte ich um meiner selbst willen *gemocht* werden. Also beschloss ich, einige Zeit bei den zwei Menschen zu verbringen, von denen ich wusste, dass ich auf sie zählen konnte, die jederzeit *bedingungslos* für mich da waren. Meine Eltern boten mir sofort an, zu ihnen nach Lawrence zu kommen, wo sie mir helfen würden, den Scherbenhaufen zu kitten, der mein Leben war.

Und dann geschah etwas sehr Merkwürdiges.

Nach der Therapie bei Dr. Potter und all meinen Selbstgesprächen zum Wiederaufbau meiner Achtung vor mir

> **Ich wollte immer noch beliebt sein, aber vor allem wollte ich um meiner selbst willen *gemocht* werden.**

selbst war ich plötzlich unsicher, ob es richtig war, zu meinen Eltern zu gehen. Ich erkannte das Muster in meinem Verhalten: Wann immer ich eine schreckliche Erfahrung gemacht hatte, lief ich heim zu Mom und Dad. Je mehr ich darüber nachdachte, umso weiter zurück ließ sich diese Spur verfolgen. Dann fiel mir ein, wann ich es zum ersten Mal getan hatte. Es war ein Ereignis während meiner Kindheit, das ich seither verdrängt hatte. Ich ging in die zweite Klasse, als ich eines Tages nach der Schule zum Haus einer Freundin ging, um mit ihr zu spielen. Dort wurde ich von ihrem Vater missbraucht. Ich erinnere mich nicht mehr an alle Details, aber ich weiß noch genau, dass ich nichts wollte als nach Hause rennen. Mit dieser Geschichte nahm mein Verhaltensmuster „Kämpfe oder flieh" seinen Ausgang. Jedesmal, wenn in meinem Leben etwas schief lief, verquickten sich diese Erlebnisse irgendwie mit jenem aus meinen Kindertagen, und folglich kopierte ich blindlings eben jenes Verhalten, heimzurennen in die schützenden Arme meiner Eltern.

Doch obwohl mir diese Zweifel kamen, brauchte ich vor allem einen Ort, an dem ich mit freundlichen Menschen zusammensein und in Ruhe über meine Zukunft nachdenken konnte. In diesem hin und her gerissenen Gemütszustand machte ich mich also auf. Ich nahm Matt, Katie und ihr kleines Kaninchen „Klopfer" und verließ mit ihnen unsere winzige Wohnung in Reno, wo wir seit der Scheidung lebten. Es war eine weite Strecke von hier nach Lawrence in Kansas, und dieser Weg sollte zu einem Albtraum werden – als wollten die Götter mich warnen.

Bis auf unsere Sommerkleidung hatte ich alle Sachen eingelagert, bevor wir abreisten. Ich erinnere mich noch genau, dass im Radio gerade Sinead O'Connors „Nothing Compares 2 U" lief, als wir Renos Stadtgrenze passierten. Und zu meiner eigenen Überraschung berührte mich dieser Song. Erst in diesem Augenblick wurde mir klar, dass ich immer noch tiefe Gefühle für Steve hegte. Ich wog all den Schmerz und die Enttäuschung dieser Ehe gegen die schönsten Momente auf, die ich je mit einem Mann erlebt hatte, und ehe ich es mich versah, schluchzte ich hemmungslos. Ich hatte wieder einmal kläglich versagt, und wieder einmal floh ich frustriert und beschämt zu meinen Eltern.

Bestimmt lag es an meinen Gefühlswallungen, dass ich die ersten Anzeichen des drohenden Unwetters gar nicht registrierte. Es war Frühling, und ich dachte, es wäre warm genug, um den direkten Weg zu fahren, der ziemlich weit nördlich verlief. Zwar war der Himmel schon bald grau bis dunkelgrau, aber ich erkannte immer noch nicht, dass ich auf direktem Weg in einen Schneesturm fuhr. Diese späten Stürme kommen in der Prärie häufiger vor.

Vielleicht wollte ich es ja auch gar nicht erkennen. Womöglich war ich viel zu geblendet von der Aussicht, zu meiner Familie zurückzukehren, ihnen zu zeigen, dass ich mich – ganz gleich wie schwierig es werden würde – um meine Kindern kümmerte. Dabei hatte ich natürlich noch keine Ahnung davon, wie schwierig es tatsächlich werden sollte.

Ich fuhr den ganzen Tag durch und mietete uns abends in einem Motel in Elko, Nevada, ein. Erst nachdem ich die Kinder ins Bett gebracht hatte, überkam mich plötzlich ein seltsames Unbehagen, wie eine Vorahnung, die ich nicht zuordnen konnte. Als ich am nächsten Morgen aufwachte, stürmte es draußen, der Himmel war beinahe schwarz, und es goss in Strömen. Waren es am Tag zuvor noch beinahe 27 Grad gewesen, so lag die Temperatur heute nur noch knapp über dem Gefrierpunkt. Kurz bevor wir losfuhren, hörte ich im Radio, dass die Interstate

70 eventuell gesperrt werden müsste. Ich wollte auf Nummer sicher gehen und rief noch vom Motel aus meinen Vater an, um ihm meine Autonummer durchzugeben – für den Fall aller Fälle.

An der Staatsgrenze zu Wyoming war aus dem Regen so dichtes Schneetreiben geworden, dass ich beim Blick aus dem Fenster den Eindruck hatte, rückwärts zu fahren. Es war kaum noch etwas zu sehen, und als ich mich hinter einem Konvoi von Lastwagen einreihen wollte, verlor ich in einer Kurve die Kontrolle über den Wagen und rutschte direkt in eine riesige Schneewehe.

Da waren wir also: Mitten auf dem Highway, zur Hälfte im Schnee vergraben, und wir hatten nichts dabei außer unseren Sommersachen und dem Kaninchen. Es war beängstigend. Ich hatte keinen Schimmer, wie ich uns warmhalten sollte. Den Motor wollte ich nicht laufen lassen, weil ich Angst vor eindringenden Abgasen hatte. Der Wind heulte, die Kinder waren verzweifelt, und ich war mir hundertprozentig sicher, dass wir alle in diesem Prärie-Schneesturm sterben würden!

Nach einer Weile fragte Matt, was wir denn machen würden, wenn wir Hunger bekämen. Da drehte ich mich zu ihm um und fing an, laut zu lachen. Die ganze Absurdität unserer Lage machte mich ein wenig hysterisch, vermute ich. „Na ja", kicherte ich, „dann haben wir ja immer noch Klopfer!"

* * *

Schließlich, nach einer halben Ewigkeit, sah ich einen Wagen, der durch das dichte Schneetreiben in unsere Richtung kam. Wie sich herausstellte, hatte mein Vater die Highway-Patrol informiert, als er nichts von mir hörte. Die Polizisten schleppten mich mit ihrem Wagen frei und auf die Straße zurück. Dann eskortierten sie uns zum nächsten Hotel, wo die Kinder und ich (und auch Klopfer) vollkommen erschöpft sofort einschliefen, als unsere Köpfe die weichen, warmen Kissen berührten.

Am nächsten Tag hatte sich der Sturm gelegt. Ich war so glücklich, dass wir überlebt hatten, dass ich die Kinder und Klopfer gleich nach dem Frühstück ins Auto verfrachtete und mit ihnen in einem Rutsch bis nach Lawrence fuhr. Wie Sie sich sicherlich vorstellen können, waren alle unglaublich erleichtert, als wir endlich wohlbehalten bei meinen Eltern eintrafen.

Dennoch hielt sich in meinem Kopf das Bild von meinem Kampf gegen den Schneesturm hartnäckig. Zuerst verstand ich nicht warum, doch dann wurde mir klar, dass, was ich erlebt hatte, eine wichtige Lektion über Entschlossenheit gewesen war. Mir wurde klar, zu was ich fähig war, was ich alles im Leben überstehen konnte. Ich hatte mich trotz des Sturms auf den Weg gemacht, und das verlieh unserem Überleben eine enorme Bedeutung. Ich hatte das umgesetzt, wozu mein Vater mich mein Leben lang aufgefordert hatte: Ganz gleich wie stark der Sturm ist, der dich von der Straße wehen will, halte dagegen und gib niemals auf. Ich hatte mich zwar in Gefahr gebracht, aber ich hatte überlebt, und nun wusste ich, dass ich die anderen Stürme in meinem Leben auch überstehen konnte. Vielleicht war diese Lektion gerade deshalb besonders wertvoll, weil ich sie auf so schmerzliche Weise

> **Ganz gleich wie stark der Sturm ist, der dich von der Straße wehen will, halte dagegen und gib niemals auf.**

lernen musste. Jedenfalls betrachtete ich von diesem Tage an alles aus einer gänzlich anderen Perspektive. Ich hatte begriffen, was wichtig war und was nicht, und wie man überleben konnte.

* * *

Nachdem wir die Stunden in der Schneewehe überstanden hatten, schienen mir meine Differenzen mit Steve plötzlich albern und nichtig, und ich dachte, ich wüsste jetzt endlich genau, was ich wollte. Ich erinnerte mich daran, was ich gefühlt hatte, als bei unserer Abfahrt aus Reno dieses Lied im Radio gespielt wurde. Und ich wusste, dass ich Steve wieder sehen wollte. Ich war bereit, mir selbst einzugestehen, wie sehr ich ihn vermisste, und ich glaubte fest daran, dass wir wieder zusammenfinden könnten. Ich würde mir einen Job in Reno suchen, die Kinder würden zu uns ziehen, und dann könnte alles wieder gut sein …

Dachte ich zumindest.

Hoffte ich zumindest.

Als ich nach Reno zurückkehrte, war Steve tatsächlich ebenso froh, mich zu sehen, wie ich umgekehrt. Also trafen wir uns in der folgenden Zeit häufiger. Gleich am ersten Abend schliefen wir zusammen, und mir erschien es wie die reinste Idylle. Doch nach ein paar Wochen brach sich die Wirklichkeit erneut eine Bahn durch unseren idyllischen Traum, und wir sahen beide ein, dass es nicht funktionieren würde. Im Juli kam meine Mutter zu Besuch. Natürlich konnte ich ihr nichts vormachen. Sie bemerkte sogleich, dass das lebenslustige Funkeln in meinen Augen erloschen war.

Am zweiten Tag ihres Aufenthaltes bei uns schlich ich mich heimlich zur Apotheke und kaufte einen Schwangerschaftstest. Die Anzeige brauchte exakt zehn Sekunden, um auf „positiv" zu springen. Mein Gott, dachte ich, bin ich etwa schon wieder schwanger? Wie konnte das passieren? Na ja, eigentlich war das „Wie?" wohl kaum die Frage, sondern vielmehr das „Warum?". Ich erzählte es meiner Mutter, die nicht weniger überrascht und betroffen war als ich. Die einzige realistische Lösung wäre eine Abtreibung, war mein erster Gedanke. In mir herrschte ein fürchterliches Gefühlschaos. Und nun sollte ich auch noch ein drittes Kind bekommen?

Das Schlimmste aber war, dass diesmal nicht nur Steve, sondern praktisch *jeder* von mir eine Abtreibung erwartete! Meine Familie und alle meine Freunde redeten auf mich ein: „Du bist nicht verheiratet. Wie kannst du dir das antun ..." und so weiter. Egal mit wem ich sprach, alle sagten dasselbe.

Ehrlich gesagt gab es einen Teil in mir, der ihnen Recht gab. Meine gegenwärtige Lage war nicht unbedingt ideal für ein Baby. Und trotzdem war da ein anderer Teil in mir, ein stärkerer und lauterer Teil, der all das nicht hören wollte. In meinem Bauch wuchs ein neues, unschuldiges Leben und ... *ich wollte es behalten.*

Mein Gynäkologe war der Einzige, der meine Entscheidung für richtig hielt. Er war eindeutig gegen diese Abtreibung, erst recht weil er nicht genau wusste, in welcher Schwangerschaftswoche ich war. Er schlug eine Ultraschalluntersuchung vor. Ich stimmte zu, und das Ergebnis war wahrhaft erstaunlich: Als voraussichtlichen Geburtstermin errechnete er den 12. April des darauf folgenden Jahres. Ich kam nicht gleich darauf, woran mich dieses Datum erinnerte. Der Arzt sah in meine Kartei. Es war das Datum meiner ersten Abtreibung!

Dieser Zufall verfehlte seine Wirkung keineswegs. Für mich war es, als bekäme ich eine zweite Chance, dieses Baby zu bekommen. Es war, als würde mich dieses Kind

zum zweiten Mal bitten, ihm das Leben zu schenken, als
wollte es um jeden Preis auf diese Welt kommen. Und
plötzlich bedeutete es mir unglaublich viel, dieses Baby
auszutragen – als wäre es ein Teil meiner Seele, die dort
wachsen wollte. Es war ihr gelungen, mir ein ganz besonderes Zeichen zu senden, das ich unter gar keinen
Umständen abweisen konnte.

In diesem Augenblick stand für mich unumstößlich
fest, dass ich mein Baby behalten würde. Und ich würde
weder von Steve noch von sonst jemandem verlangen,
mir zu helfen. Ich wollte aus der Stadt verschwinden, damit er sich von mir und dem Baby nicht „verfolgt" fühlte. Ich würde meine Kinder und mein Baby nehmen und
weiterziehen. Falls Steve seinen Verpflichtungen nachzu-
kommen gedachte und Unterhalt zahlte – *was nur fair wäre –*, umso besser; falls nicht, würde ich einen Weg finden,
wie wir auch diesen Sturm überstehen konnten.

Steve bestand darauf, dass ich einen Vaterschaftstest
vornehmen ließe. Andernfalls wollte er das Kind nicht als
seines anerkennen. Glücklicherweise gibt es eine gesetzli-
che Regelung, nach der bei Schwangerschaften, die innerhalb von 45 Tagen nach der Scheidung beginnen, die
Vaterschaft nicht anfechtbar ist. Und diese 45 Tage unter-
schritt ich um genau zwei!

Dennoch blieb Steve dabei, ich hätte zwischenzeitlich
auch mit einem anderen Mann schlafen können. Dabei
machte mein beharrliches Leugnen wenig Eindruck auf
ihn. Auch das Ergebnis des Bluttests, wonach zu 99,9999
Prozent sicher war, dass das Kind von ihm wäre, ver-
mochte seine Zweifel nicht auszulöschen.

Ich nahm meine Kinder und zog in eine kleine Wohnung in Reno. Da ich mich nun einmal für das Baby entschieden hatte, wollte ich auch die alleinige Verantwortung übernehmen.

Was meine Gefühle für Steve betraf, so lassen sie sich wohl am besten mit einer meiner Lieblingsfilmszenen umschreiben: In dem Film *Indiana Jones und der letzte Kreuzzug* finden die Akteure am Ende den Heiligen Gral, als plötzlich der böse Nazi auftaucht. Er versucht, unter allen Gefäßen das richtige zu finden, und erhält den Rat „Wähle weise". Natürlich nimmt er das falsche Gefäß und stirbt.

Nachdem Matt und Katie im Herbst eingeschult worden waren, suchte ich mir eine Teilzeitstelle. Ich hatte jede

> **Wähle weise.**
> **Ein sehr guter Rat.**

Menge Rechnungen zu bezahlen – zwar war ich endlich frei, aber eben auch pleite. Und ich fürchtete mich vor der Einsamkeit. Trotz allem sollten meine Kinder ein schönes Weihnachtsfest haben. Am Heiligabend wartete ich bis nach Mitternacht; dann kaufte ich einen Tannenbaum für fünf Dollar. Mehr konnte ich mir beim besten Willen nicht leisten. An Geschenke war überhaupt nicht zu denken. Während die Kinder schliefen, saß ich in meinem Bett und weinte bitterlichst. Ich fühlte mich entsetzlich einsam und arm.

Kurz vor dem Morgengrauen beruhigte ich mich langsam wieder. Und ich nahm mir vor, mich nicht länger meinem Selbstmitleid hinzugeben. Ich redete auf mich ein, vertraute der besten Zuhörerin, die ich finden konnte – meine einzige richtige Freundin. „Was ist los mit dir, Erin?", sagte ich. „Kannst du nicht mal an jemand anderen denken als immer nur an dich? Du hast zwei wundervolle Kinder, die alle Liebe und Zuwendung brauchen, die du ihnen geben kannst. Wenn du nicht für sie da sein kannst, wer dann? Raff dich auf, Erin …"

Diese Selbstgespräche, sowohl das Sprechen als auch das Zuhören, halfen mir. Je chaotischer die Dinge um mich herum wurden, umso mehr versuchte ich, mir selbst Stabilität, Verständnis und Gelassenheit abzuverlangen. Ich schätze, dass ich mit der Zeit ziemlich viel Übung darin bekam, weshalb es mit jedem Mal besser zu funktionieren schien. Vielleicht lag es aber auch daran, dass ich Legasthenikerin bin und mir daher vieles anders aneignen muss als Leute, die sich ihre Hilfe in Büchern holen. Ich bin wohl so etwas wie eine Blinde, deren Gehörsinn besser ausgebildet ist als der von Sehenden. Mit mir selbst zu sprechen ist meine Art, aus meinen Erfahrungen zu lernen.

Zwischen Weihnachten und Neujahr „lernte" ich auf diese Weise Abend für Abend, und ich schaffte es, mir selbst die innere Kraft zu geben, um dieses Tief zu überwinden. Mein Überlebensinstinkt machte Überstunden, und mit Beginn des neuen Jahres hatte ich all die Energie in mir gebündelt, die ich brauchte, um weitermachen zu können. Ich fühlte mich stark und entschlossen – ich hatte einen neuen Weg für mich entdeckt. Dann kam aus dem Nichts jener Knall, der mich mitten auf einer Kreuzung buchstäblich zur Seite schleuderte. Dieser Autounfall sollte mich geradewegs dorthin befördern, wo mein Leben eine Wendung zum Besseren nahm.

Ich wurde in das nächstgelegene Krankenhaus gebracht, wo man mich untersuchte. Die Ärzte erkannten allerdings nicht, dass ich einen Wirbelbruch im Bereich C5/C6 hatte. Da ich schwanger war, konnte man mich weder röntgen noch ein Kernspintomogramm bei mir machen. Unmittelbar nach dem Unfall ging es mir furchtbar schlecht. Mir war schwindlig, und ich konnte kaum aufrecht stehen. Außerdem hatte ich entsetzliche Schmerzen, und niemand wusste, woher sie rührten. Es war, als steckte ein Messer zwischen meinen Schulterblättern.

Obendrein wurde Katie in dieser Zeit schwer krank. Sie bekam plötzlich sehr hohes Fieber, über 41° C. Ich trug sie durch einen Schneesturm auf dem Arm ins Krankenhaus, während Matthew sich ängstlich an mein Bein klammerte. Die Ärzte diagnostizierten eine Streptokokkeninfektion, die direkt ihren Blutkreislauf angegriffen hatte. In der Klinik kämpften sie darum, Katies Fieber zu senken, bevor es ihr Gehirn zum Kochen brachte. Sie steckten sie in eine Eiswanne und schlossen sie an Unmengen Schläuche an. Eine Zeit lang war ihr Zustand mehr als kritisch, doch dann ging ihre Temperatur endlich zurück, und Katie erholte sich wieder.

Das waren harte Tage. Aber sie hatten auch ihr Gutes, weil sie mich dazu brachten, mich auf etwas anderes als meine eigenen Beschwerden zu konzentrieren. Ich war ganz auf mich gestellt, und ich nahm mir fest vor, meinen beiden Kindern (und dem Baby, das unterwegs war) nicht nur eine gute Mutter zu sein, sondern die verdammt beste Mutter, die es je gegeben hatte.

Im April 1991 wurde mein wunderschönes Baby, Elizabeth, geboren. Ich liebte sie und betete sie an, doch leider war ich der körperlichen Belastung nicht gewachsen. Ich hatte ständig starke Schmerzen – eine Folgeerscheinung der Unfallverletzungen. Mein Körper litt zudem unter den Anstrengungen, die das Leben als allein erziehende Mutter von drei Kindern mit sich bringt. Mir wurde ziemlich schnell klar, dass ich dringend eine Verschnaufpause brauchte, wenn mir meine Gesundheit lieb war. Als eine Freundin mich nach L. A. einlud und meine Eltern sich bereit erklärten, auf die Kinder aufzupassen, nahm ich dankend an. Mom und Dad wussten, wie überfällig ein bisschen Ruhe und Erholung für mich waren.

Während dieser Reise begegnete ich dem Motorradfahrer zum ersten Mal. Doch ich hätte mir niemals erträumt, wie sehr sich mein Leben von nun an ändern sollte.

Teil 2:

Wie ich es geschafft habe

3.
Man macht es, weil man einfach muss!

Endlich amüsierte ich mich mal wieder! Ich sah gut aus, und da ich nicht mehr schwanger war, durfte ich gelegentlich wieder etwas trinken. Der Alkohol linderte nicht nur meinen unfallbedingten Dauerschmerz, sondern er machte mich insgesamt unbeschwerter – jeder ehrliche Mensch wird diesen Effekt bestätigen.

Abends gingen meine Freundin und ich häufig ins „Sagebrush Cantina", ein beliebtes Lokal in Calabasas, Kalifornien. Hier vergingen keine zwei Minuten, ohne dass wir von irgendwelchen Männern angesprochen wurden. Da war ich also: eine gut gebaute, hübsche Blondine, die scheinbar die Erfüllung all ihrer Träume war. Diese Illusion hielt allerdings nur so lange vor, bis sie erfuhren, dass zu Hause drei Kinder auf mich warteten. Eine solche Information schreckte sie nicht weniger wirkungsvoll ab, als streckte ich einem Trupp Vampiren auf Brautschau ein gewaltiges Kruzifix entgegen.

An einem dieser Abende fiel mir zufällig dieser eine Kerl auf, der von Tisch zu Tisch zog, bis er schließlich bei uns landete. Schon wieder so einer, dachte ich, anmaßend und von sich selbst überzeugt, noch dazu mit einem affigen Pferdeschwanz und einem ganzen Bündel silberner Armreifen. Er sagte, sein Name wäre Jorge, und wie ich schnell mitbekam, verfügte er über so etwas wie einen angeborenen, unerschöpflichen Vorrat an Gesprächsstoff. Er setzte sich zu uns und begann, von seiner Harley zu reden. Er erzählte und erzählte, bis er sich plötzlich selbst unterbrach, mich angrinste und sagte: „Ich wette, du hast einen Abschluss hier in *Pepperdine** gemacht."

Ich grinste zurück und antwortete: „Nein, in Harvard."

„Ach", sagte er und sah zum ersten Mal aus, als fehlten ihm die Worte. „Das ist mir aber peinlich …"

Ich sagte nichts mehr. Wie Sie sich wahrscheinlich denken können, hatte ich in Bezug auf Männer einen nicht eben kleinen Komplex entwickelt – insbesondere wenn es um die gut aussehende Sorte ging, die einen glatt aus den Schuhen fegt.

Allerdings ließ er sich durch meine eher abweisende Art nicht weiter irritieren. Ganz im Gegenteil. Er fragte mich sogar, ob wir die Nacht gemeinsam verbringen wollten. Ich warf sogleich meinen Rettungsanker: „Oh, tut mir Leid, aber das wird nicht gehen. Ich habe zwei Kinder und ein sechs Wochen altes Baby zu Hause. Ich muss also demnächst zum Windelnwechseln."

Es war einfach unfassbar! Er zuckte nicht einmal mit der Wimper. „Du hast ein Baby", sagte er. „Echt klasse. Ich habe auch eines." Mit diesen Worten zog er ein Foto seiner kleinen Tochter aus der Tasche und begann, mir von ihr zu erzählen.

Was soll ich sagen? *Damit hatte er mich endgültig rumgekriegt.*

Aus heutiger Sicht kann ich behaupten, dass ich an jenem Abend eine wichtige Lektion gelernt habe. Man mochte Jorge manches vorhalten, aber dazu zählte gewiss nicht, dass er vorschnell aufgab. Er hatte eine überaus charmante, geradezu verführerische Art, die nichts mit seinem Aussehen oder seiner imposanten Motorradfahrerkluft zu tun hatte. Es lag vielmehr daran, dass er an-

---

* Pepperdine University: Die örtliche Universität in Malibu, bekannt für den sonnigen kalifornischen Lifestyle. *Anm. d. Red.*

dere Menschen – insbesondere Frauen – so behandelte, wie er selbst behandelt werden wollte. Er war weder herablassend noch aufdringlich, und er neigte auch nicht zu übertriebener Selbstdarstellung. All das sprach für ihn. Er zeigte sich anderen genau so, wie er war. Im Gegenzug erwartete er nicht nur, dass man ihn akzeptierte, sondern ihm mit derselben Höflichkeit begegnete, mit der er auf andere zuging. Dem Auftreten nach entsprach er exakt jener goldenen Regel, nach der mein Vater uns Kinder erzogen hat: *Was du nicht willst, dass man dir tu, das füg auch keinem andern zu.*

Jorge und ich gingen bald häufiger zusammen aus, und ich muss zugeben, dass ich mit ihm eine Menge Spaß hatte, was lange nicht mehr der Fall gewesen war. Außerdem hatte er keine Scheu vor einer allein erziehenden Mutter, weil er selbst ein Kind hatte. Und – was das Wichtigste war – er *mochte* Kinder!

Alles lief phantastisch. Ich kehrte zu meinen Kindern nach Reno zurück, und Jorge suchte uns eine Wohnung in Los Angeles. Er fand ein kleines Apartment in Moorpark, kam nach Reno, lud unsere Siebensachen in einen Minilaster und fuhr uns nach L. A.

Während der Fahrt wurde ich heftig durchgeschüttelt, was angesichts meiner unbehandelten Wirbelsäulenverletzung unbeschreiblich schmerzhaft war. Jorge fragte mich, was ich hätte, und ich erzählte ihm von dem Unfall. Ich erwähnte ebenfalls, wie wenig mein Anwalt während der vergangenen anderthalb Jahre, seit es passiert war, für mich getan hätte. Jorge meinte, er kenne Leute, die mir helfen könnten. Er wollte sich gleich nach unserer Ankunft darum kümmern.

Ich hatte mich riesig darauf gefreut, nach L. A. zurückzukehren. Allerdings war meine Freude dahin, als ich die

Wohnung sah, die Jorge uns besorgt hatte. Sie lag in einem Crackhaus! Wir wohnten dort genau eine Stunde
lang. Um zwei Uhr morgens packte ich all unsere Sachen
zurück in den Kleinlaster und fuhr quer durch die ganze
Stadt auf der Suche nach einer weniger drogenlastigen
Bleibe. Am späten Vormittag fand ich endlich ein kleines
Haus in Northridge. Anstelle von drogensüchtigen Nachbarn bot dieses Häuschen zwar jede Menge Kakerlaken
und die Farbe blätterte überall von den Wänden, aber *es
war zu mieten und ich brauchte eine Unterkunft.*

Kurze Zeit nach unserem Einzug sagte mir Jorge, dass
er einen Rechtsanwalt kenne, mit dem ich über meinen
Unfall sprechen sollte. Es war Jim Vititoe, der Jorge zuvor in einer anderen Sache vertreten hatte. Ich traf mich
mit ihm, und er übernahm meinen Fall. Als Erstes sorgte
er dafür, dass die Versicherung der Gegenpartei sich um
meinen Wagen kümmerte, der seit dem Unfall vollkommen unbrauchbar war. Ich wollte keinen anderen Wagen
oder gar einen neuen: Ich wollte meinen Wagen wieder-
haben – auch wenn die Reparaturkosten sich auf 6.500
Dollar beliefen. Dann brachte Jim mich zu einem Arzt
namens Alvin Turken, der sich meine Unfallverletzungen
ansehen sollte.

Er meinte, ich käme nicht um eine komplizierte Operation herum, was mich in blanke Panik versetzte. Meine
Eltern kamen nach L. A., um mir beizustehen. Ehe ich
mich versah, rollte ich in den Operationssaal. Jim Vititoe
war ins Krankenhaus gekommen – hauptsächlich, um
mir die Hand zu halten. Kurz bevor ich die Narkose bekam, fragte ich Dr. Turken, ob ich bei diesem Eingriff
sterben könnte.

„Aber nein", sagte er. „Wer soll denn dann mein Honorar bezahlen?"

Das brachte mich zum Lachen und nahm mir ein bisschen die Furcht. „Was, wenn ich hinterher gelähmt bin?"

„Ich sage Ihnen was: Sobald Sie aufwachen, lassen Sie Ihre Füße kreisen. Wenn sie sich bewegen, sind Sie nicht gelähmt."

Das war das Letzte, was ich hörte.

Die Operation dauerte neun Stunden, und ich verlor Unmengen Blut. Als ich wieder zu mir kam, vernahm ich zu allererst das Kichern der Schwestern. Noch bevor ich richtig wach war, hatte ich offenbar angefangen, meine Füße wie verrückt kreisen zu lassen. Es muss ziemlich lustig ausgesehen haben! Mein Genesungsprozess grenzte beinahe an ein Wunder. Schon bald konnte ich mich wieder bewegen, als wäre nichts gewesen. Alles, was heute von dem Unfall übrig ist, ist eine gigantische Narbe entlang meines Halses und oberen Brustkorbes, die mich darin erinnert, was für ein Glück ich hatte. Und mit dieser Narbe kann ich sehr gut leben!

* * *

In der Zwischenzeit hatte mein Vater Jorge kennen gelernt und beschlossen, ihn nicht zu mögen. Er traute ihm nicht und warnte mich davor, mich zu sehr auf ihn einzulassen. Zur gleichen Zeit meldete sich mein Ex-Mann Nr. 2, der mittlerweile wieder geheiratet hatte. Im Januar 1992 fiel ihm plötzlich ein, dass er eigentlich ein Besuchsrecht hätte, das er nun geltend machen wollte. Beth war gerade neun Monate alt. Ich konnte es nicht fassen! Seit ihrer Geburt war ihr Vater praktisch unsichtbar gewesen. Dann hatte er wieder geheiratet, und nun kam er auf einmal auf die Idee, dass er einen Anspruch auf Beth hätte!

Ich war wild entschlossen, mich zur Wehr zu setzen, weil mir durchaus klar war, was er eigentlich wollte. Er plante, mittels des Besuchsrechts einen Weg zu finden, wie er das alleinige Sorgerecht bekommen könnte. Und seine Chancen standen nicht einmal schlecht, da er verheiratet war und ich nicht. Ihm ging es glänzend, und ich steckte in einer Halsmanschette. Ich bat Jim Vititoe um Hilfe, und er stellte mir seinen Partner Ed Masry vor. Ed besorgte mir einen erstklassigen Anwalt für Vormundschaftsrecht. Das Verfahren war hart und ausgesprochen hässlich – eine schmutzige, rücksichtslose Sorgerechtsschlacht. Mitten im laufenden Verfahren bekam ich einen Anruf von meiner Mutter, die mir mitteilte, dass mein Bruder Tommy plötzlich und unerwartet gestorben war.

Ich war am Boden zerstört. Ich ließ einfach den Hörer fallen und schrie. Dann sackte ich auf den Teppich. Tommy und ich hatten uns immer sehr nahe gestanden. Er war sechs Jahre älter gewesen als ich, während mein anderer Bruder, Frank, dreizehn Jahre und Jodie, meine Schwester, zehn Jahre älter sind. Frank und Jodie zogen von zu Hause aus, als ich fünf Jahre alt war, weshalb es für die meiste Zeit meiner Kindheit nur Tommy und mich gegeben hatte. Wir hatten alles zusammen gemacht. Er war ein kränkliches Kind gewesen, litt an Asthma, und ich erinnere mich daran, dass meine Mutter häufig die ganze Nacht bei ihm gesessen hatte, um ihm während seiner Anfälle beizustehen. Und nun war er für immer fort.

Als er starb, war er erst achtunddreißig – ein außerordentlich gut aussehender junger Mann voller Lebensfreude. Er war mit Freunden auf einer Campingtour, als er aus heiterem Himmel einen anaphylaktischen Schock erlitt, der ihn das Leben kostete. Das Absurde dabei war, dass man weder einen Insektenstich noch irgendein anderes klassisches Anzeichen an seinem Körper entdeckte.

Vermutlich hatte er etwas gegessen, gegen das er allergisch war, ohne es zu wissen. Vielleicht hatte er auch nur irgendeinen Stoff eingeatmet, der für sein Immunsystem giftig war.

Sein Tod veränderte alles in mir. Ich besann mich auf all die Werte, die uns unser Zuhause vermittelt hatte und die ich so lange in mir vergraben hatte, während ich mich ziellos durch mein Leben treiben ließ. Ich weiß noch, wie ich mich bei seiner Beerdigung fühlte. Er lag im offenen Sarg da, und ich saß in der ersten Reihe zwischen meinem Vater und meinem Bruder Frank. Ich zitterte ganz entsetzlich und fürchtete, jeden Augenblick vom Stuhl zu kippen. Da spürte ich plötzlich die Hand meines Vaters auf meiner Schulter. Ich sagte ihm, dass ich es nicht durchstehen könnte. Er legte mir seine Hände auf die Knie, um das Zittern zu stoppen, und sagte sanft: „Sieh mich an."

Ich tat es.

„Du musst da durch!"

Du musst da durch.

Diese Worte begleiten mich bis zum heutigen Tage. Die Ruhe, Kraft und Bestärkung, die darin lagen, verliehen ihnen eine ungeheure Überzeugungskraft. Sie rührten jenen Punkt in mir, wo all das war, was meine Eltern uns über die Bedeutung und den Wert des Lebens beigebracht hatten.

> **Du *musst* da durch. Es gibt Dinge, die man einfach tun muss. Man hat keine Wahl, man kann sich nicht gegen sie entscheiden. Sie lassen sich nicht vermeiden.**

Du *musst* da durch.

Es gibt Dinge, die man einfach tun muss. Man hat keine Wahl, man kann sich nicht gegen sie entscheiden. Sie

lassen sich nicht vermeiden. Das Leben ist voll von bestimmten Pflichten und von Verantwortung, die man
übernehmen muss. Doch keine dieser Pflichten, keine
Verantwortung ist so wichtig, so vorrangig wie die Verantwortung gegenüber *uns selbst*. Ich erkannte, dass ich
viel zu viel Energie verplempert hatte, weil ich meinen
Blick stets nach außen statt nach innen gerichtet hatte. Ich
hatte meine innere Stärke ignoriert, anstatt sie zu nutzen.
Ich hatte mein Leben gelebt, als wäre ich ein Autofahrer,
der sich darauf verlässt, dass aus dem „toten Winkel" keine Gefahren kommen mögen. Ich hatte bei meinem Unfall am Steuer gesessen, aber ich hatte mein Leben nicht
unter Kontrolle: Da ich die Ereignisse weder kommen
sah noch wusste, wie ich sie verhindern könnte.

Man muss.

Diese Denkweise war mir vollkommen fremd gewesen. Das Wissen, der *Glaube* daran, dass ich tatsächlich
die Fähigkeit hatte, mein eigenes Schicksal zu kontrollie-
ren, hatten mir gefehlt. Doch nun wurde mir klar, dass
ich einen großen Teil durchaus bestimmen konnte, auch
wenn hin und wieder Dinge eintreten würden, die einfach durchgestanden werden *mussten*.

Man muss.

Ich erinnere noch, wie ich meinen Vater anstarrte,
nachdem er mir das gesagt hatte. Es dauerte eine Weile,
bis ich begriff, wie stark und wie sicher er war – und wie
Recht er hatte. Mit seinen Worten und seinen beruhigen-
den Händen hat er es vollbracht, dass der tragische Tod
Tommys zugleich zu dem Moment werden konnte, an
dem ich gleichsam eine emotionale und geistige Wieder-
geburt meiner selbst erleben durfte.

Bevor ich L. A. verlassen hatte, um zur Beerdigung zu
fahren, hatte ich Steve angerufen. Ich wollte ihm mittei-

len, dass ich nicht zum Gerichtstermin erscheinen konnte. Ich war ehrlich überrascht gewesen ob seiner Reaktion. Er sagte mir, dass es ihm unendlich Leid täte um Tommy. Als ich nach der Beerdigung zurückkehrte, hatte er zwischenzeitlich seine Klage fallen gelassen, und kurz darauf begann er, Unterhalt für Beth zu zahlen.

* * *

In diesem Sommer reichte ich die Klage gegen den Fahrer ein, der meinen Unfall verursacht hatte. Ich war auf meine Zeugenaussage vorbereitet, und die Anwaltskanzlei war fest der Meinung, dass wir den Prozess gewinnen würden.

Demzufolge geschah natürlich was? Wir verloren, und zwar haushoch.

Für mich war das eine blanke Katastrophe. Ich hatte darauf gehofft, mit dem Schmerzensgeld zumindest ein bisschen was von dem Geld zurückzahlen zu können, das mir meine Eltern nach dem Unfall gegeben hatten, damit ich nicht vollkommen mittellos dastand. Aber der Vergleich war lächerlich. Nachdem ich die Gerichtskosten und meine Behandlungskosten bezahlt hatte, blieben mir nicht einmal 5.000 Dollar, die ich meinem Vater gab. Für die Kinder und mich war wieder einmal kein Cent übrig.

Bei nächstbester Gelegenheit verabredete ich mich mit Jim Vititoe zum Mittagessen und machte all meiner Wut und Enttäuschung Luft. Ich gab der Kanzlei die Schuld für den Riesenschlamassel, in dem ich nun steckte. Und wo ich gerade mal dabei war, beschwerte ich mich auch gleich darüber, dass man von seinem Büro nie zurückgerufen würde, wenn man eine Nachricht hinterließ. „Wissen Sie was?", sagte ich aus dem hohlen Bauch heraus – ich ging damals beinahe alle Dinge „aus dem hohlen

Bauch heraus" an –, „Sie brauchen jemanden, der genau
das für Sie erledigt. Wie wäre es, wenn Sie mich einstellen? Dann kann ich die Leute für Sie zurückrufen."

Selbstverständlich lehnte er zunächst einmal ab, aber
ich war nicht bereit, seine Antwort zu akzeptieren. Wieder und wieder sagte ich ihm, dass es das Klügste für ihn
wäre, mir den Job zu geben. Ich war hartnäckig! Am
nächsten Tag rief ich ihn an und bearbeitete ihn weiter.
Schließlich bat er mich in sein Büro, wo wir mit seinem
Partner Ed Masry darüber sprechen wollten. Während
dieses Gesprächs sagte Ed Masry irgendwann zu Jim Vititoe: „Wofür wollen wir sie einstellen? Was kann sie denn
eigentlich, außer allein aufrecht sitzen?"

Ich war außer mir! Er redete, als wäre ich überhaupt
nicht da. „Sehr erfreut, Arschloch", sagte ich. Zugegeben,
ich war in einem kurzen Rock und Cowboystiefeln erschienen, und mein knappes Mieder erweckte wahrscheinlich den Eindruck, dass ich außer Brüsten nicht allzu viel zu bieten hätte. Aber trotzdem hatte ich ein Recht
darauf, mit einem *gewissen* Respekt behandelt zu werden.
Ich kleidete mich nun einmal gerne so. Und ich wollte damit weder besonders Eindruck schinden noch irgend-
jemanden provozieren. Ich zog mich nicht vorsätzlich aufreizend an oder weil ich die Leute ärgern wollte – schon
gar nicht, um sie dazu zu bringen, mich zu verletzen oder
lächerlich zu machen. Es hatte etwas mit dem zu tun, was
ich gern als meinen „Individualismus" bezeichne. Wenn
ich mich anders kleidete als andere, könnte mich das
dann selbstbewusster machen?

Vielleicht hatte ich sie am Ende durch meine Beharrlichkeit überzeugt, vielleicht war es auch etwas anderes.
Auf jeden Fall gaben sie irgendwann nach, und ich bekam den Job. An dieser Stelle sollten wir Ed übrigens un-

bedingt ein paar Pluspunkte eintragen, weil er die Charakterstärke besaß zuzugeben, dass eventuell auch ein „quasselndes, großbusiges Küken" irgendetwas tatsächlich können könnte!

Ich war begeistert. Ich konnte es kaum erwarten, meinen Dad anzurufen und ihm zu sagen, dass ich einen richtigen Job hatte, der mir 1.200 Dollar im Monat einbringen würde.

Im September 1992 fing ich bei Masry & Vititoe an. Der Rückstand auf ihrer Anruferliste war so enorm, dass ich dazu überging, einige der Anrufe selbst zu erledigen. Dabei stellte ich fest, dass die meisten Mandanten gar nicht mal daran interessiert waren, lang und breit Auskunft über komplizierte Rechtsverfahren oder technische Details zu erhalten. Sie wollten einfach das Gefühl haben, man kümmerte sich um sie. Es war sozusagen die menschliche Komponente, die im Vordergrund stand. Die Leute wollten, dass man sie ernst nahm und auf ihre Nachrichten reagierte.

Ich verstand ihre Anliegen intuitiv, weil ich wie sie bisher immer auf der Klientenseite gestanden hatte. Ich begriff sofort, worum es den Leuten eigentlich ging, und je mehr ich mit ihnen redete, umso klarer sah ich, wohin diese Arbeit mich führen sollte.

Wie Hinkley begann

Während ich hervorragend mit den Mandanten auskam, gestaltete sich mein Verhältnis zu den anderen Frauen in der Kanzlei eher schwierig. Das war nichts Neues für mich; ich hatte bis jetzt in jedem Job Probleme mit den lieben Kolleginnen gehabt. Bei Masry & Vititoe ignorierten sie mich weitestgehend, und ich tat dasselbe mit ihnen. Außerdem telefonierte ich so oder so den ganzen Tag.

Eines Tages stellte mir Ed einen Karton mit Unterlagen auf den Schreibtisch. Es waren die Papiere, die mein Leben verändern sollten.

Die Mandantin war Roberta Walker, die mit einem gewissen Joe Rimirez befreundet war, der wiederum zusammen mit Jim Vititoes Frau Karen in Modesto aufgewachsen war. Mitgekommen? Roberta Walker also wurde von Pacific Gas & Electric unter Druck gesetzt, ihnen ihr Haus zu verkaufen. Sie war die Letzte in ihrem Viertel in Hinkley, die sich nach wie vor strikt weigerte, auf das Angebot einzugehen. Alle anderen Leute aus ihrer Umgebung hatten bereits an PG&E verkauft und waren fortgezogen. Joe Rimirez hatte Roberta geraten, einen Anwalt hinzuzuziehen, bevor sie etwas unternahm. Er empfahl ihr Jim Vititoe, sie rief an und hinterließ eine Nachricht.

Aber Jim hatte sie nie zurückgerufen.

Also rief Karen irgendwann bei Ed an, der sich schließlich auf den Weg zu Roberta machte. Während seines Besuches klagte Roberta über gesundheitliche Probleme, und Ed schickte sie zu einem Arzt in Los Angeles, der einen Bluttest machen sollte. Die Ergebnisse des Tests wurden zu den anderen Akten in dem Karton gelegt, und der ganze Fall geriet mehr oder minder in Vergessenheit, weil die Abteilung für Schmerzensgeldangelegenheiten den Streitwert bei 10.000 Dollar angesetzt hatte und empfahl, die Sache fallen zu lassen. Wie Ed sagte, hatte man auf Grund der Tatsache, dass eine persönliche Bindung zwischen Roberta, Jim und Karen bestand, entschieden, den Fall auf *pro-bono*-Basis weiter zu bearbeiten – sprich:

ohne Honorar. Und so landeten die Akten dann bei mir – dem letzten Glied in der Nahrungskette von Masry & Vititoe.

Ich sah mir das gesamte Material an. Vom juristischen Standpunkt aus betrachtet hatte ich keine Ahnung, was hier vor sich ging. Doch ich erkannte sehr wohl, wo die wirklichen Probleme bei diesem Fall lagen. Zwar kannte ich mich weder mit den Gesetzen noch mit den medizinischen Fachbegriffen aus, aber ich verfügte über diese merkwürdige Mischung aus fotografischem Gedächtnis und Legasthenie, die mir eine ganz eigene Herangehensweise an die Dinge bescherte. Hinzu kam das, was ich von meinem Vater gelernt hatte: durchhalten, konzentrieren und sich ganz und gar auf eine Sache einlassen. Ich bin diesen Fall nicht angegangen, indem ich von vornherein irgendjemandem die Schuld zuwies. Ich war stattdessen endlich bereit, einfach zuzuhören und etwas zu lernen – und meinen Grips anzustrengen.

> Ich bin diesen Fall nicht angegangen, indem ich von vornherein irgendjemandem die Schuld zuwies. Ich war stattdessen endlich bereit, einfach zuzuhören und etwas zu lernen – und meinen Grips anzustrengen.

Während ich mich durch den Karton mit Unterlagen ackerte, hielt ich die Augen offen für alles, was mir nicht richtig erschien. Ich achtete peinlich genau darauf, mögliche Warnzeichen zu erkennen.

Als Erstes stolperte ich über die Bluttests, die für die weißen Blutkörperchen einen Wert nannten, der weit über der Norm lag. Es war offensichtlich, dass hier etwas nicht stimmte. Am nächsten Tag bat ich Ed um Erlaubnis, zu Roberta nach Hinkley zu fahren. Von all den Men-

schen, die ich im Verlauf meiner Arbeit an diesem Fall
kennen gelernt habe, war Roberta diejenige, die mich am
meisten an mich selbst erinnerte. Wir hatten dieselben
Instinkte, dieselbe Denkweise. Roberta war nicht dumm
– auch wenn sie keinen tollen Universitätsabschluss in Ju-
ra hatte. Sie war in Hinkley geboren und aufgewachsen,
und sie weigerte sich einfach, ihre Heimat zu verlassen.
Das war es, worum es ihr ging. Sie wollte ihre Familie
schützen und ihr Haus behalten, und weil ihre Ziele so
klar umrissen und greifbar waren, fühlte ich mich sofort
angesprochen. Ich interessierte mich für sie und für die
anderen Menschen von Hinkley. Ich konnte mich mit ihnen identifizieren. Für mich waren sie Opfer, und ihr
Schicksal ging mir nahe. Sie alle waren nach Hinkley gekommen, weil sie sich ein schönes Leben für ihre Famili-
en wünschten. Sie waren aufs Land gezogen, um gesund
zu leben, und sie waren alle todkrank geworden. Ich
konnte sehr gut verstehen, was in ihren Köpfen und Herzen vor sich ging, und deshalb war ich fest entschlossen,
alles für sie zu tun, was ich konnte.

Ich arbeitete sechs Jahre lang Tag und Nacht an diesem
Fall, wovon die ersten vier Jahre die härtesten meines Lebens waren. Ich fuhr jeden Morgen sehr früh los und
kehrte immer erst gegen Mitternacht nach Northridge
zurück. Da lagen die Kinder längst im Bett. Ich verpasste
sämtliche Schulveranstaltungen von Matt und Katie, und
Beth sah ich beinahe nur noch schlafend. Oft fragte ich
mich, warum ich für 1.200 Dollar im Monat schuftete, als
hinge mein Leben davon ab.

Doch dann wurde mir klar, dass ich es genau deshalb
tat – mein Leben *hing* davon ab.

Eigentlich war es die natürliche Konsequenz dessen,
was mein Vater während Tommys Beerdigung zu mir ge-

sagt hatte. Mein Handeln entsprach seinem Begriff von Rechtschaffenheit, die moralischer Leitfaden eines jeden sein sollte. *Man muss.* Das war mein neues Credo, mein Beweggrund und die Richtung, in die ich meine Willenskraft lenkte. Ich hatte keine Wahl. *Ich musste,* weil ich den Menschen in Hinkley – und mir selbst – beweisen wollte, dass wir das Richtige taten.

Dieser Fall war eine große Herausforderung, und für mich war vom ersten Moment an klar, dass sich dahinter etwas verbarg, was ich erreichen wollte, was ich erreichen

> **Mir war klar geworden, dass ich es genau deshalb tat – mein Leben *hing* davon ab.**

musste. Jeden Abend, während der Heimfahrt, fragte ich mich, warum ich das alles auf mich nahm, warum ich so viel und so hart arbeitete. Und die Antwort, die ich mir schließlich gab, war die: Wenn ich nur einen dieser Menschen zum Freund gewinnen konnte, nur einem von ihnen eine Schulter zum Anlehnen anbieten konnte, war es all die Mühe wert.

Um das zu erreichen, war ich bereit, jede Hürde zu nehmen. Ich wollte diese Sache zu Ende bringen. Und dabei konnte während der ersten Jahre von Geld gar keine Rede sein – geschweige denn

> **Ich musste, weil ich den Menschen in Hinkley – und mir selbst – beweisen wollte, dass wir das Richtige taten.**

von einem Kinofilm, Ruhm oder großen Stars. Niemand ahnte, dass uns am Ende ein Vergleich in Höhe von einer Viertelmilliarde Dollar winkte, der Hinkley-Fall zu einem großen Film verarbeitet würde oder Julia Roberts mich in diesem Film spielen sollte, der auch noch meinen Namen trug. Nein, damit konnte keiner rechnen.

Der besondere Reiz bei diesem Fall lag für mich vor allem darin, dass ich meinen Verstand, meine Gefühle und meine Nerven auf eine Probe stellen konnte. Ich tat das Richtige, dessen war ich mir sicher und wurde es immer mehr, je weiter ich vorankam. Der entscheidende Punkt war, inwieweit ich an mich selbst glaubte und hinter dem stand, was ich machte.

> **Entscheidend war, dass ich an mich selbst glaubte und hinter dem stand, was ich machte.**

Sobald ich davon überzeugt war, dass ich den nötigen Rückhalt für mein Tun in mir selbst fand, waren meine Tage des ziellosen Sich-Treibenlassens vorüber. So gesehen ging es bei dem Hinkley-Fall in gewisser Weise auch um mich. Und dieser Aspekt war, wie sich herausstellen sollte, für alle Beteiligten von Vorteil.

Deshalb machte ich weiter, widmete all meine Kraft den Menschen von Hinkley. Jenes Urvertrauen in moralische Werte, das mir meine Eltern vermittelt hatten und das all die Jahre zu einem ähnlichen Wrack verkommen war wie mein Wagen bei dem Unfall, begann, sich wieder zusammenzufügen und klare Konturen anzunehmen. Ebenso wie es der Versicherung gelungen war, meinen klapprigen alten Kombi wieder fahrtüchtig machen zu lassen, sollte es mir während dieser Jahre gelingen, meinen „seelischen Motor" wieder zum Laufen zu bringen.

Indem ich diesen Menschen half, half ich auch mir selbst. Im Vordergrund stand ihre körperliche Gesundheit, doch dahinter schwang immer meine eigene moralische Rehabilitation mit.

4.

Mein inneres Krafttraining

Zu Beginn unseres Feldzuges für die Leute von Hinkley und gegen die geballte Finanzkraft von PG&E kassierte ich mehrere heftige Rückschläge. Meine Rechtskenntnisse beschränkten sich auf die paar Dinge, die ich durch meinen Unfall und die Besuchsrechtsklage meines Ex-Mannes mitbekommen hatte. Deshalb war ich geradezu schockiert, als ich sah, wie Zeit raubend und schwierig sich selbst scheinbare Kleinigkeiten gestalten konnten, wenn es um Gesetze ging. Genauso wenig verstand ich, warum die meisten Leute solch ein tiefes Misstrauen gegenüber Anwälten hegten, während sie sich weigerten zu glauben, dass große Konzerne zu den Verbrechen fähig waren, die sie in meinen Augen doch so offensichtlich begingen.

Eines Abends kam ich nach einer langen Autofahrt nach Hause. Ich sah nach den Kindern und Jorge; sie schliefen alle. Dann mixte ich mir einen Drink und setzte mich an den

> Ich stellte fest, dass alles aufzuschreiben enorm hilfreich war – ähnlich wie meine Selbstgespräche.

Küchentisch. Ich nahm meinen Notizblock und einen Schreiber und begann, alles aufzuschreiben, was ich den Tag über gemacht hatte. Das hatte ich noch nie getan, und ich stellte fest, dass alles aufzuschreiben enorm hilfreich war – ähnlich wie meine Selbstgespräche.

Zunächst erstellte ich einen exakten Zeitplan des Tages, doch ungefähr in der Mitte gab ich auf, riss das Blatt heraus und warf es fort. Ich fing eine neue Seite an, aber diesmal schrieb ich ganz oben in großen Druckbuchstaben:

WIE ICH MÖCHTE, DASS ANDERE SICH MIR
GEGENÜBER VERHALTEN!!

Auf der linken Seite machte ich eine Liste mit all den Dingen, die mich ärgerten oder mir Kummer bereiteten, wobei ich mich fragte, ob sie etwas damit zu tun hatten, dass ich im Hinkley-Fall nicht schneller und besser vorankam. Es waren meine alten, meine negativen Gedanken, die alle unter dem Nenner liefen „Es muss an mir liegen" oder „Mit mir stimmt etwas nicht". Ich schrieb sie in der Reihenfolge auf, wie sie mir einfielen. Ich wählte bewusst die Form der „freien Assoziation", weil ich mich nicht selbst durch zu viele Überlegungen blockieren wollte. Auf die rechte Spalte verwandte ich ungleich mehr Zeit, denn auf diese Seite sollten die logischen „Antworten" kommen, sozusagen die „Lösungen" für meine Probleme von der linken Seite. Und so sah meine Tabelle am Ende aus:

Was mich ärgert/ bedrückt	Antworten/Lösungen
Ich hatte eine schreckliche Schulzeit	Das war nicht meine Schuld. Niemand hat meine Legasthenie erkannt, und deshalb hielt man mich für lernbehindert. Einige alltägliche Dinge sind bis heute schwer für mich, aber wenn ich mich bemühe, *kann* ich lernen.
Ich bin zweimal geschieden.	Beim nächsten Mal *wähle weiser*. Habe mehr Achtung vor dir selbst, und suche dir einen Mann, der den Menschen ver-

dient hat, für den du dich hältst. Setz auf den dritten Mann (der sich verdammt glücklich schätzen sollte, dich zu bekommen)!

Ich habe drei Kinder, die ich allein großziehe.

Zugegeben, ich hatte gehofft, dass meine Ex-Männer mich ein wenig unterstützen würden, aber vielleicht sollte ich vor allem froh sein, dass sie „Ex" sind! Ich muss wissen, dass ich es *allein* schaffen kann und werde. Das Wichtigste ist, dass die Kinder gut versorgt sind. Und sie müssen sich geliebt fühlen. Mit Selbstmitleid stopft man keine hungrigen Mäuler. Wenn ich etwas Positives tue, um sie zu ernähren, kommt das uns allen zugute! Arbeite härter und sieh nicht zurück!

Ich bin so furchtbar einsam, dass ich mich manchmal in die Ecke hocke und zittre.

Hör auf, dir selbst Leid zu tun! Nutze deine Energien, um jemanden zu finden, der sein Leben mit dir teilt. Jemanden, der sich für dich interessiert und nicht nur dafür, was du für ihn (oder mit ihm) tun kannst. Und lass das *Gebibber*. Der Mann, nach dem du suchst, wird sich davon bestimmt nicht angezogen fühlen. Du willst schließlich nicht gerettet werden. Rette dich selbst. Richtige Männer mögen erwachsene Frauen – besonders die, die nicht zittern.

Ich habe solche Angst und bin entsetzlich traurig.

Angst wovor? Deinem eigenen Schatten? Oder etwa vor deiner eigenen Courage, die sich gerade wie Phoenix aus der Asche erhebt? Fürchte dich nicht davor, dass du es schaffen könntest. Und lach mal wieder! Warum? Weil ich es dir sage, darum! Und weil du Grund dazu hast!

Was, wenn ich wieder magersüchtig werde?

Solange du deinen Verstand und deine Seele nicht verhungern lässt, wird dein Körper auch nicht hungern. Aus Kraft entsteht immer wieder Kraft. Wir Menschen verfügen über das beste eingebaute Schutzsystem, das jemals erfunden wurde. *Nutze es!* Lies ein langes, schwieriges Buch. Sprich ein langes Gebet. Und iss ein kalorienreiches Dessert. Oder besser: Iss zwei.

Ich habe immer wieder Panikanfälle.

Erin, niemand außer dir selbst kann dir etwas tun. Du musst keine Angst davor haben, auf eigenen Beinen zu stehen. Mach dir einen Plan, was du zu tun hast, und halte dich daran. Wenn nötig, fang mit den einfachen Aufgaben an. Du wirst sehen, dass du es allein schaffen kannst. Denk dran: Struktur ist der Feind der Panik. Also reiß dich zusammen, zwing deine Angst in die Knie und mach weiter! *Du schaffst es!*

Ich bin so arm.

Na und? Reich zu sein ist genau dasselbe in Grün, nur dass man noch mehr, noch höhere Rechnungen zu bezahlen hat. Und Geld ist nicht dein eigentliches Problem. Deine wirklichen Probleme verschwinden nicht, so lange du sie nicht *löst*. Und du wirst sie nicht lösen, so lange du sie nicht beim richtigen Namen nennst. Armut beispielsweise ist kein Problem. Armut ist ein *Zustand* oder das Ergebnis deiner Unfähigkeit, mit dem umzugehen, was du glaubst, dass man dir angetan hat, oder eben Pech. Oder, oder, oder. Du wirst nicht reich, indem du „versuchst", reich zu werden. Du kannst die Armut überwinden, indem du erkennst, welche Fähigkeiten und welche Energien in dir stecken. Das ist der erste Schritt zu wahrem Reichtum – den Reichtum zu entdecken, der in dir ist!

Was, wenn ich plötzlich reich werde?

Armes Ding!

Wonach suche ich? Geld? Macht? Ruhm? Einen Volltreffer im Lotto?

Nein! Glück. Geld, Macht und Ruhm sind keine Eintrittskarten in den Himmel ewiger Glückseligkeit. Für die meisten Menschen endet die Suche danach in völliger Verzweiflung. Stattdessen solltest du nach dem suchen, was deinen Gefühlen am ehesten entspricht. Sobald du das gefunden hast, wirst du wissen, was dich glücklich macht und was du von anderen erwartest. Das ist dann wirklich wie ein Volltreffer im Lotto!

Dieses kleine Frage-und-Antwort-Spiel hat mich wieder aufgerichtet. Ich nenne es mein „inneres Krafttraining", und ich kann es jedem wärmstens empfehlen, der das Gefühl hat, an einer Kreuzung angekommen zu sein und nicht zu wissen, welchen Weg er wählen soll. Es ist eine perfekte Medizin für alle, die meinen, ständig an ihrem Ziel vorbeizuschießen. Als ich mich an diesem Abend ins Bett legte, war ich zwar vollkommen erschöpft, aber ich wusste, ich würde nach ein paar Stunden Schlaf bereit sein für die Anstrengungen, die der nächste Tag mir abverlangte. Ich hatte noch so viel vor mir, und ich wollte dringend an dem Fall weiterarbeiten!

Und das tat ich auch.

* * *

Anfangs war ich mehr oder minder allein an dem Hinkley-Fall, und ich kam mir vor, als wäre ich eine einsame kleine Kämpferin, die gegen den Riesen PG&E antrat. Das war wohl auch der Grund, weshalb ich mich häufig unsicher fühlte bei dem, was ich tat. Ich werde nie den Tag vergessen, als Ed Masry aufging, was für eine gewaltige Sache wir da zu packen hatten. Wir waren gemeinsam nach Hinkley gefahren und saßen gerade in einer kleinen Raststätte, als er mich plötzlich fragte: „Wer zum Teufel ist PG&E eigentlich? Das hiesige Wasserwerk?"

„Herr im Himmel, Ed!", rief ich. „Ich komme aus Kansas, aber selbst ich weiß, wer das ist."

„Ja? Na, dann kannst du mir wahrscheinlich auch sagen, wie viel ihr Laden wert ist."

Damit hatte er mich eiskalt erwischt, denn ich hatte nicht den geringsten Schimmer. Obwohl dieser Punkt ganz gewiss alles andere als unerheblich war. Als wir in die Kanzlei zurückkehrten, rief Ed einen Börsenmakler an, mit dem er befreundet war. Der bestätigte ihm, dass der Unternehmenswert von PG&E irgendwo im Bereich von 28 Milliarden Dollar lag.

Wie gesagt, das war der Tag, an dem Ed Masry ein Licht aufging.

Wir kamen nur sehr, sehr langsam voran. Das mochte mit daran liegen, dass unsere Akten mit Unmengen Zahlenmaterial gespickt waren und ich immerhin diejenige bin, die in Schule regelmäßig in Mathe durchgerasselt war. Ich wäre schon hoffnungslos überfordert, wenn ich meinem eigenen Scheckbuch hinterherrechnen wollte. Dennoch sah ich mir die Zahlen genauer an, und sogar ich stolperte darüber, dass die von PG&E engagierten Gutachter behaupteten, 90 Prozent des chromverseuchten Wassers in Hinkley wären in die landwirtschaftliche Nutzung gegangen und nie ins Trinkwasser gelangt. Ihrer Meinung nach war das ein schlagkräftiges Argument dafür, dass es keine weiteren gesundheitlichen Beeinträchtigungen geben könne – eine erstaunliche Behauptung. Ich überlegte, warum mir mein gesunder Menschenverstand sagte, dass diese Logik einige gravierende Fehler aufwies. Wo genau waren denn diese 90 Prozent geblieben? Nach meinen Unterlagen wies die 1993er Brunnenmessung eine Konzentration an hexavalentem Chrom nach, die oberhalb des Grenzwertes für Giftmüll rangierte. Also war doch die Frage nahe liegend, wie hoch diese Werte wohl fünf Jahre früher gewesen sein mochten. Oder zehn, fünfzehn Jahre früher.

Mittlerweile war der Hinkley-Fall für mich zu einer Art Besessenheit geworden. Ich fand immer mehr Dokumente, besuchte immer mehr ehemalige Einwohner und brachte Ed dazu, die besten Geologen zu verpflichten, um die Statistiken zu prüfen, die ich aufgetan hatte. Ich war sicher, dass sie meinen Verdacht bestätigen würden. Ich muss sagen, Ed und ich bildeten ein hervorragendes Team. Er vertrat die rechtliche Seite und ich die moralische. Ed ist einer der wenigen Anwälte, die bis zum bitteren Ende ihren Prinzipien treu bleiben. Er nahm sogar eine Hypothek auf sein Haus auf, um unsere Nachforschungen zu finanzieren. Dabei vertraten die andere Anwälte in der Kanzlei die Meinung, dass wir gar keinen Fall hätten, weil die Verjährungsfrist bereits überschritten war.

Einmal nahm Ed mich mit in den Konferenzraum, um mit mir gemeinsam zu prüfen, welches Material wir inzwischen zusammenhatten. Er sagte mir, dass er kurz davor wäre, die ganze Sache aufzugeben, weil überhaupt kein Ende in Sicht war. Seine Frau hatte sich bereits vehement über die vielen Überstunden beklagt, die er in diesen Fall investierte, statt Zeit mit seiner Familie zu verbringen. Außerdem waren mittlerweile allein für die Kanzlei über zwei Millionen Dollar Kosten angefallen, was im Fall einer Klageabweisung verheerende Folgen haben könnte. Und nun verschuldete er sich auch noch privat, damit wir weitermachen konnten. Nachdem er mir all das erklärt hatte, fragte er: „Also, was meinst du dazu?"

Ich saß einen Moment lang schweigend da. Es war vollkommen neu für mich, dass jemand mich nach meiner Meinung fragte. Offensichtlich setzte er eine Menge Vertrauen in mich.

Dann sah ich auf die Unmengen Bücher an den Wänden. „Was ist in diesen Büchern, Ed?"

„Lauter Präzedenzfälle", antwortete er.

Ich blickte ihn an. „Hör mal, Ed, ich bin keine Rechtsanwältin, aber wenn ich eine wäre und die Chance hätte, meinen eigenen Präzedenzfall zu schaffen, würde ich mir diese Leute zum Beispiel nehmen. Überleg doch nur: Sie alle standen allein auf weiter Flur mit ihren Fällen, aber sie hatten den Mut und die Kraft, gegen alle anderen anzutreten. Und damit haben sie erreicht, dass sich für jemand anderen etwas zum Besseren wendete. Ich gebe zu, dass ich von den ganzen geschäftlichen Sachen keine Ahnung habe. Ich will gar nicht so tun, als würde ich von diesen Zahlen etwas verstehen. Und ich bin weder eine Expertin, wenn es um hexavalentes Chrom geht, noch, was die Gesetze betrifft. Aber ich habe großen Respekt vor meinen Mitmenschen, und ich kenne diese Leute in Hinkley. Es sind Menschen wie du und ich, und sie leiden."

Ich holte einmal tief Luft, ehe ich weiterredete. „Also, was kann schlimmstenfalls passieren, wenn wir verlieren?" Natürlich dachte ich dabei vor allem an die Kanzlei und nicht an Eds eigenes Geld, das in diesem Fall steckte – was er dabei aufs Spiel setzte, wollte ich mir gar nicht ausmalen. „Selbst wenn wir jetzt verlieren sollten, haben wir eigentlich schon gewonnen. Wir haben erreicht, dass die Öffentlichkeit aufmerksam wird auf das, was in Hinkley geschehen ist. Damit haben wir den Leuten dort geholfen. Ist es nicht genau das, wofür du deinen Job machst?"

Er nickte bedächtig, doch dann lächelte er und sagte: „Weißt du was? Da hast Recht. Weiter geht's!"

In diesem Augenblick wusste ich, dass wir die Sache gemeinsam bis zum Schluss durchstehen würden – wie auch immer dieser Schluss aussehen sollte.

Kurz nach diesem Gespräch konnte Ed zwei andere Kanzleien für unseren Fall gewinnen: Egstrom, Lipscomb & Lack und Girardie & Keese. Die Arbeit und Zeit, die sie einbrachten, beliefen sich auf weitere 10 Millionen Dollar – für Hinkley.

Und am Ende gewannen wir. Wir schafften es, eine Klage wegen „arglistiger Täuschung" durchzusetzen, womit die Verjährungsfristen hinfällig wurden. Sobald uns das gelungen war, befanden wir uns auf sicherem Boden. Nach vier Jahren harter Arbeit waren wir alle überglücklich und erleichtert, endlich Licht am Ende des Tunnels zu sehen. Die ersten 36 Prozesse zogen sich über ein Jahr hin, da wir die Kläger in kleine Gruppen aufteilen mussten. Doch am Ende dieses Jahres summierten sich die Urteile gegen PG&E auf 131 Millionen Dollar. Jetzt waren sie so weit, dass sie kapitulierten. Sie boten uns an, alle 634 Kläger mit einer Einmalzahlung von sagenhaften 333 Millionen Dollar abzufinden.

*   *   *

Der persönliche Gewinn, den ich aus diesem Vergleich zog, lässt sich in Geld gar nicht aufwiegen. Man kann nicht in Dollar beziffern, was es für meine Selbstachtung bedeutete, diesen Fall durchgestanden zu haben. Nach Hinkley war ich ein vollkommen anderer Mensch. Ich war über mich selbst hinausgewachsen, indem ich unermüdlich gegen Mauern angekämpft hatte. Und diese Mauern waren nicht nur von PG&E errichtet worden, sondern auch von meiner eigenen Vergangenheit, die bestimmt gewesen war durch Orientierungslosigkeit und ungenutztes Potenzial. Es war, als hätte ich nach jahrelangem Treiben endlich das Ufer erreicht. Von nun an würde ich mein Leben im Griff haben.

> **Ich war über mich selbst hinausgewachsen, indem ich unermüdlich gegen Mauern angekämpft hatte. Und diese Mauern waren nicht nur von PG&E errichtet worden, sondern auch von meiner eigenen Vergangenheit, die bestimmt gewesen war durch Orientierungslosigkeit und ungenutztes Potenzial.**

Meine neu gewonnene Entschlossenheit wurde erstmals von jemandem auf die Probe gestellt, von dem ich es nie erwartet hätte – von Ed Masry. Ausgerechnet er sollte als Erster die „andere" Erin Brockovich kennen lernen. Und das kam so:

Die Auszahlungen an die einzelnen Kläger nahmen beinahe ein volles Jahr in Anspruch. Während dieser Zeit fragte Ed mich, an welchen Bonus ich für mich gedacht hatte. Ich hatte keine Ahnung, wie solche Dinge normalerweise gehandhabt wurden, also griff ich blindlings zu: „Ich denke, neunzig Prozent von deinem Honorar wären angemessen."

Gott sei Dank lachte er!

An dem Tag, als er in mein Büro trat und mir einen Scheck über 2,5 Millionen Dollar überreichte, war ich sprachlos – was bei mir äußerst selten vorkam. Und dann weinte ich; ich schluchzte hemmungslos.

„Hey", sagte er, „was ist denn los mit dir?"

Ich umarmte ihn. „Ich glaube, du weißt gar nicht, was du für mich getan hast."

„So, weiß ich nicht? Na, dann denk mal drüber nach, was du geleistet hast. Du bist eine ganz besondere Frau, Erin. Eine echte Heldin."

Ich werde diesen Moment niemals vergessen. *In meinem ganzen Leben nicht.* Es war ein absoluter Höhepunkt für mich. Endlich, nach Jahren des Versagens und der geplatzten Hoffnungen, nach Jahren, in denen man mich nur danach beurteilt hatte, wie ich aussah, und nie danach, wer ich war, fühlte ich mich stark. Weil ich es geschafft hatte, *mir selbst* Kraft zu geben. Ich hatte entdeckt, was immer da gewesen war – meine innere Stärke, meine moralische Integrität und meinen unerschütterlichen Glauben an die Macht des Guten über das Böse. Ich hatte etwas Außergewöhnliches vollbracht und dafür nichts weiter gebraucht als meine eigene Überzeugung. Durch den Hinkley-Fall hatte ich gelernt, mich auf mein Potenzial zu verlassen. Und mit diesem Potenzial würde ich auch den Rest meines Lebens in klare Bahnen lenken.

Wann immer die Sprache auf Hinkley kommt, reden alle Leute zunächst nur von dem Geld, das ich an diesem Fall verdient habe. Dabei bedeutet es mir vergleichsweise wenig, wenn ich bedenke, was ich eigentlich gewonnen habe. Natürlich war es sehr angenehm, das Geld zu haben. Es ermöglichte mir, Dinge zu tun, die ich mir nie zuvor hatte leisten können. Aber darum war es mir nicht gegangen. Und weil das Geld nicht mein Ziel gewesen war, war es zu haben auch nicht der eigentliche Sieg, den ich errungen hatte. Ich hatte um die *Anerkennung* und Wertschätzung jener Person gekämpft, die sich damit bisher am schwersten getan hatte – meiner selbst. Und jetzt, da ich diesen Kampf für mich entschieden hatte, konnte ich anfangen, das Leben zu leben, das ich immer leben wollte.

Ich hatte endlich die Kontrolle über mein Schicksal.

> **Ich hatte etwas Außergewöhnliches vollbracht und dafür nichts weiter gebraucht als meine eigene Überzeugung.**

> **Ich hatte um die Anerkennung und Wertschätzung jener Person gekämpft, die sich damit bisher am schwersten getan hatte – meiner selbst.**

5.

Beharrlichkeit

Während der Jahre, die ich an dem Hinkley-Fall arbeitete, rief ich häufig bei meinen Eltern an. Ich konnte nicht nur ihre moralische Rückendeckung gut gebrauchen, sondern auch das fundierte technische Wissen meines Vaters. Immerhin kannte er die Wasserkraftanlagen, wie PG&E sie betrieb, in- und auswendig, was sich als ausgesprochen praktisch erwies. Am wichtigsten für mich war allerdings sein ausgeprägter Sinn für Recht und Moral, mit dem er mich immer wieder aufbaute, wenn ich gerade ein Tief durchmachte. Ich geriet unzählige Male an Punkte, da ich am liebsten alles hingeworfen hätte, weil ich nicht mehr weiterwusste. Ich jammerte ihm vor, dass ich es nicht schaffen würde. Und er erinnerte mich daran, dass ich einfach *musste*, dass ich gar nicht anders könnte, als weiterzumachen.

Meine Eltern besuchten mich des Öfteren, und bei einem ihrer Besuche erklärte mir meine Mutter, die Journalistin, was sie sich unter *Beharrlichkeit* vorstellte. Und seit sie mir das beschrieben hat, liebe ich dieses Wort.

Ich weiß gar nicht mehr, wie oft ich daran dachte, alles hinzuschmeißen – Hinkley, mein Leben, alles. Es gab Tage, Monate, ganze Jahre, während derer ich mich so hin und her gerissen fühlte, dass ich nicht wusste, wie es weitergehen sollte.

Schuld daran war, dass ich Beharrlichkeit mit *Bemühen* verwechselte. Doch nun zeigte meine Mutter mir den gewaltigen Unterschied zwischen den beiden Begriffen. Sie sagte, durch Bemühen käme man auf den richtigen Weg, doch Beharrlichkeit ist es, was einen dort bleiben lässt.

Sie nannte mir ein Beispiel: Ein Mann verirrt sich in der Wüste. In der Nähe ist eine Wasserstelle, doch der Mann hat nur eine einzige Feldflasche bei sich, die er mit Trinkwasser befüllen kann. Er muss einen Weg finden, wie er sich für den ganzen Weg aus der Wüste heraus mit Wasser versorgen kann. Also füllt er die Flasche, geht so weit, wie er ohne zu trinken kommen kann, gräbt ein Loch im Sand und füllt drei Viertel seines Wassers hinein. Das verbleibende Viertel trinkt er auf dem Rückweg zur Wasserstelle.

Hier schöpft er die Flasche wieder voll, geht zu dem Loch mit dem Wasservorrat, füllt die Hälfte des Flascheninhalts hinein und geht mit dem Rest ein Stück voraus, wo er ein zweites Wasserloch anlegt. So macht er es wieder und wieder, bis er eine kontinuierliche Kette von kleinen Wasserstationen angelegt hat, die ihn Stück für Stück an den Rand der Wüste führt. Sein Bemühen hat ihn bis zum ersten Wasserloch gebracht, doch nur durch seine *Beharrlichkeit* konnte er es aus der Wüste heraus schaffen.

Dieses Beispiel zeigt, dass man seine Sache beharrlich angehen muss, und eben auf Dauer dranbleiben muss, ganz gleich welche Hindernisse sich einem in den Weg stellen oder wie unüberwindbar sie erscheinen mögen.

Beharrlichkeit zu erlernen, bedeutet zunächst einmal, den größten aller Stolpersteine zu meistern: sein Ego. Unser Ego wirft uns bisweilen gefährliche Steine in den Weg. Andererseits sind die Stolpersteine der anderen manchmal von Nutzen für uns, wenn wir sie beizeiten erkennen. Genau das passierte mir mit PG&E. Sie waren fest davon überzeugt, dass niemand groß genug wäre, sich mit ihnen anzulegen – schon gar nicht ein Anwalt vom Kaliber Ed Masrys, dem eine merkwürdige, vollbusige Blondine mit kurzen Lederröcken und hochhackigen Schuhen zur Seite stand. Wenn mich nicht alles täuscht, verhielt es sich in der Legende von dem großen Goliath und dem kleinen David ähnlich. Worauf es ankommt, ist, dass man sich nicht einschüchtern lässt. Man sollte niemals falsches Ego mit echter Stärke verwechseln. Wenn man glaubt, dass man im Recht ist, so wie Ed, die Menschen in Hinkley und ich es taten, kann man es mit jeder PG&E dieser Welt aufnehmen. Man muss nur kämpfen. Wenn man glaubt, dass man es schaffen kann, sollte man die vollen fünfzehn Runden im Ring durchhalten; denn selbst wenn man am Ende den Kampf nicht gewonnen hat, wird man sich doch den Respekt der anderen – und den vor sich selbst – erkämpft haben, weil man Beharrlichkeit bewies. Und das ist ein Sieg, der nicht zu verachten ist!

Ich habe von meinem Vater gelernt, welche Hindernisse in meinem Leben überwindbar und welche unüberwindbar sind. Er hatte einen sehr aus-

> **Wenn man glaubt, dass man im Recht ist, so wie Ed, die Menschen in Hinkley und ich es taten, kann man es mit jedem Goliath dieser Welt aufnehmen. Man muss nur kämpfen. Wenn man glaubt, dass man es schaffen kann, sollte man die vollen fünfzehn Runden im Ring durchhalten; denn selbst wenn man am Ende den Kampf nicht gewonnen hat, wird man sich doch den Respekt der anderen – und den vor sich selbst – erkämpft haben, weil man Beharrlichkeit bewies. Und das ist ein Sieg, der nicht zu verachten ist!**

geprägten Sinn für Recht und Unrecht. Er erkannte die Grenzen, an die man stoßen kann. Und Beharrlichkeit setzt zunächst einmal voraus, dass man seine Ziele nicht zu weit steckt. Man darf sich nicht verzetteln, sondern sollte sich auf eine Sache konzentrieren. Das allein kann zum Erfolg führen.

Mein Vater hatte es von seinen Eltern gelernt, und ich versuche, diese Lehre an meine Kinder weiterzugeben. Ich erkläre ihnen, dass sie klar umrissene Ziele brauchen, mit festen Linien, die sie nicht überschreiten sollten. Sonst verzetteln sie sich und verlieren die Orientierung. Und das hat zur Folge, dass sie ihre Kraft vergeuden und den Willen zum Erfolg verlieren, weil sie nicht mehr erkennen, worum es ihnen eigentlich geht.

> **Man braucht einfache, fest umrissene Ziele, wenn man etwas erreichen will.**

Ich habe mittlerweile begriffen, dass es kein Zeichen von Schwäche ist, nicht auf alles eine Antwort zu haben. Und ich weiß auch, dass ich mich nicht darauf verlassen darf, die fehlenden Antworten von anderen Menschen um mich herum zu bekommen. Sie können sie mir nicht geben, weil sie nicht in meiner Haut stecken. Ich bereue nur manchmal, dass ich all das nicht schon Jahre vorher erkannt habe. Aber vielleicht sollte ich auch einfach froh sein, es überhaupt irgendwann kapiert zu haben. Immerhin werde ich nicht mein ganzes Leben lang blind für mein eigenes Ich gewesen sein.

Eine der wichtigsten Lektionen, die jeder lernen sollte, ist die, dass wir uns schaden, wenn wir den Kontakt zu uns selbst verlieren, ganz gleich, ob wir uns dessen bewusst sind oder nicht. Beispielsweise befinden wir uns alle auf der Suche nach dem Glück, aber wir haben eine

ie Pattee-Familie, 1960
intere Reihe: Meine Mutter, B. J. (Frank jr.) und Jodie
rdere Reihe: Tommy, mein Dad (Frank sr.) und ich

h mit Mom, Dad, meinem Bruder Tommy und meinen beiden älteren Kindern

Bilder aus meiner Schulzeit

Ich als Teenager

In den Siebzigern

*Bei meiner Hochzeit mit
Steve Brockovich*

Nach meiner Entlassung aus dem Krankenhaus

Ich in Hinkley

...l Masry und ich

...G&E-Anlage in Hinkley

Roberta Walker und ich

Meine Eltern und ich, unmittelbar nach dem Vergleich

...ic Ellis und ich bei unserer Trauung in Hawaii, März 1999

...eine Kinder: Matthew, Katie und Beth

Das bin ich heute! (Foto: Roman Salicki)

falsche Vorstellung davon oder suchen es an den falschen Orten. Deshalb finden nur so wenige von uns den Weg aus der eigenen Wüste. Geld, Macht, Ruhm – das sind nicht die Ziele, die uns dem Glück näher bringen. Sie halten uns lediglich davon ab, unsere Träume in die Realität umzusetzen. Geld verschafft uns unter Umständen vorübergehende Befriedigung, aber es macht uns ganz gewiss nicht glücklich. Ich denke da zum Beispiel an all die Menschen aus Hinkley, die durch den Vergleich zu beträchtlichem Vermögen gekommen sind, aber nach wie vor unter den verheerenden Folgen des chromverseuchten Trinkwassers leiden. Wer Ruhm erlangen will, kann dies nur auf Kosten seiner Aufrichtigkeit gegenüber sich selbst und anderen, weil er einem von außen bestimmten Idealbild nacheifert. Und was Macht betrifft, so ist sie nichts anderes als Gier nach Kontrolle. Und diese Gier nährt sich zumeist aus der Angst davor, in Wahrheit weder Macht noch Kontrolle zu besitzen.

Es führt nur ein Weg aus der Wüste heraus ins Glück, und das ist der, sich selbst treu zu bleiben und alles weitere – das Geld, die Macht und den Ruhm, falls sie eines Tages anklopfen sollten – als Teil dessen zu nehmen, was uns die erfolgreiche Suche nach wahrer Identität und Selbstachtung bescherte.

Was andere über uns sagen oder denken, können wir getrost vergessen. Ich blicke mit ungetrübtem Optimismus in meine Zukunft – trotz allem, was mir bislang an Gutem und Bösem widerfahren ist. Und das kann ich, weil ich für mich bewiesen habe, dass die so genannten „Experten" sich manchmal gewaltig irren. Als Kind mit einer nicht erkannten Legasthenie musste ich mir von jedermann sagen lassen, ich solle froh sein, wenn ich es überhaupt bis zur zwölften Klasse schaffe. Nun las ich unlängst einen Artikel aus dem *Lawrence Journal-World*, der Zeitung meiner Heimatstadt, in welchem ein Reporter einige meiner ehemaligen Lehrer und Mitschüler befragte. Sie alle bestätigten einhellig, dass sie mir einen solchen Erfolg wie in dem Hinkley-Fall niemals zugetraut hätten. Siehst du, Erin, dachte ich bei mir, *genau das ist ein Grund, weshalb man selbst an sich glauben sollte – die anderen tun es sowieso nicht.*

> **Ich blicke mit ungetrübtem Optimismus in meine Zukunft – trotz allem, was mir bislang an Gutem und Bösem widerfahren ist. Und das kann ich, weil ich für mich bewiesen habe, dass die so genannten „Experten" sich manchmal gewaltig irren.**

Dabei ist es in Wahrheit doch so, dass jeder von uns ein einzigartiges Wesen ist. Deshalb sind Uniformität oder Konformität ungeeignete Ausgangspositionen für den Erfolg. Was die meisten erfolgreichen Menschen gemein haben, ist *Beständigkeit* oder die Fähigkeit, wichtige Dinge beharrlich anzugehen. Was die meisten nicht erfolgreichen Menschen gemein haben, ist die Angst vor dem eigenen Ich. Und die wird umso größer, je mehr sie erkennen, dass sie sich von anderen unterscheiden – so wie ich es schon als Kind spürte. Wer anders ist und vielleicht auch noch ein wenig rebellisch – was ich ebenfalls war – muss gegen den Strom schwimmen, und das ist schwer. Die meisten können oder wollen es gar nicht erst versuchen, was darauf hinausläuft, dass ihre Individualität und ihre Talente verkümmern. Darüber hinaus verpassen sie die große Chance, jemals das zu feiern, was an ihnen so besonders ist. Ich nenne dieses beklagenswerte Phänomen „die allgegenwärtige Angst vor dem Individualismus".

Kürzlich lag ich mit einer leichten Grippe im Bett und stellte das Radio ein, um mich ein wenig abzulenken. Es lief gerade eine dieser Talksendungen. Ich konnte kaum fassen, was ich dort hörte. Die Leute machten den Eindruck, als fühlten sie sich regelrecht bedroht, wenn sich irgendjemand anders verhielt, als sie erwarteten. „Warum hat er das getan?" oder „Warum macht sie das?" waren die häufigsten Fragen, die gestellt wurden. Antworten darauf gab es natürlich nicht, was mich nicht weiter verwunderte. Wenn wir allen Ernstes eine Rechtfertigung dafür erwarten, warum sich jemand so individuell verhält, wie wir nun einmal sind, wie sollen wir es dann schaffen, unsere eigene Persönlichkeit zum Ausdruck zu bringen? Unser Bedürfnis nach Konformität verdammt die kreativsten Geister zum Schweigen. Und was wäre die Lösung? *Wir müssen aufhören, uns zu beklagen und Dingen nachzuweinen, die wir nicht haben. Stattdessen sollten wir uns fragen, was wir wirklich wollen!*

Das Wort *Rebellion* wird in Bezug auf junge Menschen oft missverständlich als Synonym für etwas Verwerfliches gebraucht. James Dean war ein Rebell. Amelia Earhardt[*] war eine Rebellin. Und in gewisser Weise war Thomas Edison ebenfalls ein Rebell. Ed Masry und mein Vater zählen zu den eindrucksvollsten Rebellen, die mir je begegnet sind. Und was mich selbst betrifft, gehört „Rebell" ganz klar zu den netteren Bezeichnungen, die man mir in den vergangenen zehn Jahren angehängt hat!

Wächst ein Kind beispielsweise in einer Familie heran, deren Mitglieder seit Generationen in der Navy sind, aber dieses Kind möchte nun einmal nicht in die Navy,

---

[*] Amelia Earhardt überflog während der Dreißigerjahre als erste Frau allein den Atlantik und den Pazifik. *Anm. d. Übers.*

dann sollte es sich doch nicht davor fürchten müssen, es auch zu sagen! Damit meine ich keineswegs, totale Anarchie wäre die bessere Alternative; wir alle brauchen Regeln, feste Strukturen und sogar eine *gewisse* Konformität. Doch es sollte uns jederzeit erlaubt sein, Nein zu sagen. Dass wir es so häufig nicht tun, liegt einzig an unserer Angst. Wir fürchten uns vor den Folgen, die unsere Wahl haben könnte. Dabei sind diese Folgen am Ende durchaus positiv – vorausgesetzt, wir stehen zu dem, was wir wollen, und lassen uns nicht beirren. Wer Entschlossenheit beweist, erntet Respekt. Das habe ich durch den Hinkley-Fall gelernt. Je länger ich an dem Fall arbeitete, umso mehr Leute dachten sich: „Mensch, vielleicht hat die wirklich Recht."

> **Wir müssen aufhören, uns zu beklagen und Dingen nachzuweinen, die wir nicht haben. Stattdessen sollten wir uns fragen, was wir wirklich wollen!**

Eines Tages hatten meine Tochter Katie und ich einen kleinen Disput darüber, wie sich unser Leben durch den Fall verändert hatte – und es waren bei weitem nicht alles nur Veränderungen zum Positiven gewesen. „Mom", sagte sie, „du erzählst immer gleich von deinen Privatangelegenheiten. Du legst dein Leben vollkommen bloß … und sagst jedem sofort, dass du Legasthenikerin bist."

Nun darf man nicht vergessen, dass Katie eine Menge durchgemacht hatte. Außerdem hatte sie mit ansehen müssen, wie mein Leben sich durch den Film in einen riesigen Medienrummel verwandelte. Dauernd war ich zu Vorträgen geladen. Um die Oskar-Verleihung herum wurde unser Zuhause zu einem Tollhaus, was natürlich auch die Kinder nicht unbeteiligt ließ. Deshalb war es wenig verwunderlich, dass Katie während unseres Gesprächs verzweifelt fragte: „*Warum können wir denn nicht eine ganz normale Familie sein?*"

Eine normale Familie. Ich dachte einen Moment darüber nach, ehe ich sie bat, mir zu erklären, was für sie *normal* wäre. Das ist jetzt ein Jahr her, aber sie hat es mir immer noch nicht sagen können. *Und das ist der springende Punkt.* Wir haben alle unsere Ideale, unsere Vorstellungen von dem großen Märchen, zu dem unser Leben werden soll. Und wir kommen damit prima klar, so lange uns die Realität nicht dazwischenpfuscht. Dann nämlich wird uns plötzlich bewusst, wie schwierig es ist, in diesem Idealbild zu leben – zumal wenn es nicht den Traumvorstellungen der anderen entspricht. Prinzipientreue ist an sich ein netter Zug. Ein richtig *feiner* Zug wird sie erst, wenn sie sich nicht an den allgemein gültigen Prinzipien aller anderen orientiert.

Ich bin endlich so weit, dass es mich nicht mehr kümmert, wie andere Leute mich sehen. Und dafür bin ich dankbar. Was ich hinter mir habe, was ich gelernt habe und was mir meine Erfahrungen mit den Menschen in Hinkley zeigten, hat mich gelehrt, meinen eigenen Glauben an mich höher zu bewerten als den anderer. Es ist gut und richtig, den Status quo dann und wann infrage zu stellen. Hauptsache, man tut es mit der nötigen Selbstachtung. Und es ist ebenso richtig, zu den eigenen Überzeugungen zu stehen, vorausgesetzt, man wahrt seine Integrität und bringt eine gesunde Portion Selbsterhaltungstrieb mit.

Offenbar gelang mir das in der Hinkley-Sache. Alle sagten mir, ich wäre nicht qualifiziert für diese Arbeit, weil ich kein Jurastudium hinter mir hatte und dementsprechend nicht das nötige *Rüstzeug* mitbrachte, um mit einer solchen Belastung fertig zu werden. Ich machte mir von Anfang an nichts vor: Mir war klar, dass ich so etwas wie ein Eindringling war, der sich scheinbar „Ungeheuerliches" anmaßte. Aber vielleicht tat ich es gerade deshalb. Meine Entschlusskraft wog meine mangelnde fachliche Kompetenz auf. Mein emotionales Engagement machte wett, was mir an Berufserfahrung fehlte. Und meine Unbeirrbarkeit war stärker als mein Bedürfnis nach trügerischer Sicherheit. Das ist es, was Beharrlichkeit uns einzubringen vermag!

Zufall? Schicksal?

Werfen wir einmal einen Blick auf das Schicksal (manche nennen es *karma*, andere *Zen*, aber meiner Ansicht nach meinen alle dasselbe), das im Leben jedes Einzelnen und bei den Dingen, die ihm passieren, eine Rolle spielt. Vor über zweitausend Jahren hat Heraklit gesagt: „Der Charakter eines Menschen *ist* sein Schicksal." (Wie man sieht, habe ich zwischen meinen Dates mit aufregenden Jungs doch noch das eine oder andere gelernt.) Ich mochte diesen Satz schon immer gern. Wenn ich Hinkley in diesem Licht betrachte, jagt es mir geradezu einen Schauer über den Rücken. Wenn eine Person, ein Ereignis oder auch nur ein Augenblick anders gewesen wäre, wäre all das womöglich nie geschehen. Denken wir doch nur einmal daran, wie ich Ed Masry kennen gelernt habe. Und warum ich damals überhaupt einen Anwalt brauchte. Ja, ich hatte einen Autounfall, und dieser Unfall stand symbolisch für jenen Punkt, an dem mein Leben angekommen war: ich stand mitten auf einer Kreuzung und wusste nicht, wie es weitergehen sollte. Und dort wurde ich von einem Fremden „getroffen", und mein einziger wertvoller Besitz, mein altes, klappriges Auto, sowie meine Gesundheit waren zerstört. Dieses eine Ereignis hat alles andere nach sich gezogen.

Warum hat Ed Masry ausgerechnet mir die Unterlagen auf den Schreibtisch gestellt? Es war Zufall. An jedem beliebigen anderen Tag hätte er sie einer Kollegin gegeben, doch die war zufällig an diesem einen Tag nicht im Büro. Ein *Zufall?* Was wäre, wenn Roberta Walker nicht darauf bestanden hätte, sich bis zuletzt gegen das Kaufangebot von PG&E zu sträuben? War das ein *unvorhersehbares Ereignis?* Und was wäre geschehen, wären Ed Masry und ich einander niemals begegnet?

Als ich auf dem College war, hörte ich öfter die Kassetten von Zig Ziglar, einem bekannten Motivationstrainer. Mich hat es glatt umgehauen, was er zu diesem Thema sagte. Eines seiner Beispiele war: Stellen Sie sich vor, Sie nehmen jeden Tag denselben Weg zur Arbeit. Eines Tages fahren Sie eine andere Strecke und haben einen Frontalzusammenstoß. Warum passieren solche Sachen? Haben Sie eine falsche Entscheidung getroffen? Wer will das beurteilen? Und warum will man es überhaupt wissen?

Ich stimme ihm voll und ganz zu, weil ich es für müßig halte, über unser Schicksal zu sinnieren. Am Ende entscheiden immer unsere Handlungen, geführt von unserem Charakter, darüber, in welchen Situationen wir uns befinden und wie wir damit fertig werden. Der Charakter ist das, was uns auf den Moment unseres Einsatzes vorbereitet, und Charakter ist auch das, was uns durchbringt.

Für einen wahren Helden, wenn es um die charakterliche Stärke angesichts unvorhersehbarer Ereignisse geht, halte ich Christopher Reeve. Der „Zufall", dem er begeg-

nete, war grausam, rätselhaft und absolut ungerecht, und
dennoch hat sein Unfall zur Folge gehabt, dass für alle
Tetraplegiker[*] die Rehabili-

> **Der Charakter ist das, was uns auf den Moment unseres Einsatzes vorbereitet, und Charakter ist auch das, was uns durchbringt.**

tationsmaßnahmen entschei-
dend verbessert wurden.
Christopher Reeve ist das
lebende Beispiel für das, was
Dr. Martin Luther King meinte, als er sagte: „Ich kann euch
vielleicht nicht auf den Berg
begleiten …" Er kann wahr-
scheinlich nie wieder gehen, aber er hat seiner Lähmung
Bedeutung verliehen. Und er hat sich bewusst gegen die
bedeutungslose Frage nach dem „Warum ich?" entschieden.
Er hat die Karten angenommen, die ihm sein Leben in
die Hand gegeben hat, und sie nach besten Kräften aus-
gespielt.

Wie viele Tausende Male schon habe ich mir gesagt,
was kommt, *kommt* eben. Ich kann dazu jedoch etwas tun,
indem ich mir selbst treu bleibe und zu dem stehe, was
ich aus meinem Leben mache.

Mein Sternzeichen ist Krebs. Krebse sind bekannt
dafür, dass sie sich in Muscheln zurückziehen, um sich
vor Angriffen zu schützen. Sie wollen überleben. Dabei
paart sich in ihrem Verhalten Selbsterhaltungstrieb mit
Aggression. Gemäß der chinesischen Astrologie bin ich
im Jahr der Ratte geboren. Sind das meine Charakteristi-
ka? Mitgefühl, Einsicht, Beharrlichkeit, Leidenschaftlich-
keit, Mitmenschlichkeit, Gesprächigkeit, Tatendrang,
Charisma, Stärke, Intelligenz und Launenhaftigkeit. Die

---

[*] Menschen mit vollständiger Lähmung aller Gliedmaßen, *Anm. d. Übers.*

Krebs-Ratte versteht es, sich durchs Leben zu schlagen. Eine introvertierte Seele in einem extrovertierten Körper.

Ob man nun glaubt, der Fehler läge in den Sternenkonstellationen oder in einem selbst, ist meiner Meinung nach vollkommen unerheblich. Unser Schicksal ist immer das Ergebnis dessen, wie wir unser Leben leben.

Und ich glaube fest daran, dass das der Grund ist, warum die Dinge so kommen, wie sie kommen, und uns die Ereignisse mit jedem Mal ein Stückchen weiter voranbringen.

6.

Was du nicht willst, das man dir tu, das füg auch keinem andern zu

Eine der wichtigsten Lektionen, die ich von meinem Vater gelernt habe, ist die, niemals etwas zu verheimlichen oder etwas durch eine Lüge zu vertuschen. Er wusste sehr wohl, dass wir dadurch vor allem uns selbst belügen.

Ich muss ehrlich zugeben, dass ich es auf die harte Tour lernen musste, und ich erinnere mich bis heute daran. Ganz besonders gegenwärtig war mir diese Lehre während der Werbekampagnen für die Hollywoodfilme vor der Verleihung der Academy Awards. Meine Pflichten beinhalteten die Teilnahme an den Reisen der Berühmtheiten. Hier durfte ich aus nächster Nähe miterleben, wie leichtfertig einige dieser Stars den oft albernen Pressemitteilungen glauben, die die Agenturen über die Berühmtheiten veröffentlichen.

Ich selbst habe nie einfach so hingenommen, was andere über mich sagten, oder es gar als eine verlässliche Beschreibung meiner selbst angesehen. Das dürfte übrigens genau dem Gegenteil von dem entsprechen, was jeder sagen würde, der mich kennt. Ich ging noch zur Schule, als ich begriff, dass andere zu belügen in Wahrheit bedeutet, den Respekt vor dem eigenen Ich zu verlieren. Bei dieser Gelegenheit möchte ich kurz einfügen, dass es die viel beschworene Differenz zwischen „gemeinen" und „harmlosen" Lügen nicht gibt. Wer das glaubt, macht sich etwas vor. Eine Lüge ist eine Lüge. Und mit jeder vermeintlich harmlosen Lüge gerät man tiefer und tiefer in das Dickicht gemeiner Lügen, die man als harmlose ausgibt. Irgendwann hat man die Grenze endgültig überschritten (und dann ist man für den Rest seines Lebens damit beschäftigt, sich zu fragen, welche Lügen man wem aufgetischt hatte).

Am Ende werden dann die eigenen Unwahrheiten zur einzigen Wahrheit. Es ist ein Kumulationseffekt, der schließlich eine klare Aussage darüber zulässt, was für eine Art Mensch man ist. Wir alle kennen die Redensart „Man ist, was man isst". Ich würde sie dahingehend variieren wollen, dass man ist, was man *sagt*. Man lüge einfach lange genug, dann glaubt man irgendwann auch seine eigenen ersponnenen Geschichten. Und dann steckt man in ernsten Schwierigkeiten!

Im Folgenden möchte ich beschreiben, was passieren musste, damit ich den Wert der Ehrlichkeit erkannte. Ich hatte mich mit Freundinnen zu einem Kurztrip nach Chicago verabredet. Allerdings musste ich dafür am Nachmittag die Schule schwänzen, was ich kurzerhand tun wollte. Wir verabredeten eine Zeit, wann die anderen Mädchen mich zu Hause abholen wollten. Ich kam kurz vorher nach Hause, um mich umzuziehen. Als

> **Man lüge einfach lange genug, dann glaubt man irgendwann auch seine eigenen ersponnenen Geschichten. Und dann steckt man in ernsten Schwierigkeiten!**

meine Freundinnen nicht rechtzeitig auftauchten, wurde ich ungeduldig und rief jemand anderen an, der mich abholen sollte. Bevor ich wegfuhr, schrieb ich einen Zettel für meine Freundinnen, um ihnen zu sagen, mit wem ich gefahren wäre – komplett mit Adresse, Telefonnummer und sogar einer Wegbeschreibung. Naiv, wie ich war, klebte ich den Zettel an die Haustür. Wie es das Schicksal wollte, kam meine Mutter an diesem Tag zum Mittagessen nach Hause, was sie sonst so gut wie nie tat. Natürlich fand sie meine kaum übersehbare Nachricht.

Ich war schon bei meiner Freundin in Chicago angekommen und in Feierlaune, als es an der Haustür läutete. Da ich sicher war, dass es meine anderen Freundinnen wären, trällerte ich fröhlich „Party! Party!" und riss die Tür auf. Dort stand meine Mutter. Würde ich sagen, dass ich sprachlos war, wäre das schamlos untertrieben. Mir stockte der Atem, und ich hatte das Gefühl, mein Herz höre auf zu schlagen. Nachdem ich meine Sinne wieder halbwegs beisammen hatte, fragte ich sie, wie sie hergekommen wäre. Sie hielt meine Nachricht in die Höhe und sagte: „Du hast mir eine Wegbeschreibung dagelassen."

Von jetzt an ging es rapide bergab. Ich wusste sofort, dass ich mir einen Riesenschlamassel eingebrockt hatte. Ich hatte gelogen und war erwischt worden. Am schlimmsten aber war, dass meine Mutter es meinem Vater erzählte, der außer sich war. Als er mich fragte, was genau vorgefallen war, log ich wieder. Er sprach danach nicht mehr viel, sondern beschränkte sich darauf, mir meine Strafe mitzuteilen. Er fand es keineswegs ausreichend, dass meine Chicagofahrt geplatzt war, sondern belegte mich für den Rest des Schulsemesters mit Hausarrest. Doch das traf mich nicht so sehr wie das Wissen, wie tief ich ihn verletzt hatte. Er hatte mir vertraut, und ich hatte sein Vertrauen missbraucht. Und weil es sich nun einmal um meinen Vater handelte, der zeit seines Lebens bemüht gewesen war, seinen Kindern ein Gefühl für die Bedeutung von Ehrlichkeit zu vermitteln, wusste er natürlich auch, dass ich diejenige war, die bei dieser Sache den eigentlichen Schaden davontrug. Ich für meinen Teil war zunächst so empört ob der Strafe, dass ich in den Garten rannte und einen jungen Baum ausriss, den ich wenige Tage zuvor für meinen Vater gepflanzt hatte.

Zu meiner Überraschung erhielt ich am nächsten Tag einen Brief von ihm. Was er mir am Abend nicht hatte sagen können, schrieb er mir nun. Und da es ihm offenbar so wichtig war, wurde es umso bedeutender für mich, was dort stand. Sogar bedeutend genug, dass ich diesen Brief bis heute behalten habe. Ich habe ihn immer griffbereit und lese ihn dann und wann, wenn ich den Eindruck habe, dass mein moralischer Akku aufgeladen werden muss. Dieser Brief beschreibt für mich aufs Trefflichste, wofür mein Vater in all seiner Fürsorge und Ernsthaftigkeit steht. Da ich selbst wohl niemals ausreichend eloquent sein werde, den Inhalt in passenden Worten wiederzugeben, möchte ich ihn lieber abschreiben – in der Hoffnung, meinen Lesern möge ein Teil dessen zugute kommen, was mir im Übermaß geschenkt wurde:

Liebe Erin,

als ich heute Morgen nach Lincoln fuhr, las ich den beigefügten Artikel in der Tageszeitung von Kansas City. Wie du siehst, geht es um einen Aspekt, der selbst dem Präsidenten der Vereinigten Staaten sehr wichtig ist! Deshalb sollte er für dich und mich nicht weniger wichtig sein.

Ich weiß, dass du nach dem gestrigen Abend sehr aufgebracht warst – sei versichert, ich war es ebenfalls! Der Anlass berührte eines meiner grundlegenden Prinzipien, und ich halte dich für alt genug, um die Tragweite dessen zu erkennen. Wenn du, deine Brüder, deine Schwester,

deine Mutter und ich nicht mehr frei und ehrlich mitei-
nander kommunizieren können, wenn wir nicht mehr
glauben können, was wir sagen und was wir hören, dann
haben wir alles verloren! Sobald du dich dem entziehst,
zerstörst du das Gefüge unserer Familie, die, bis du deine
eigene Familie gründen wirst, zu den wertvollsten Besitz-
tümern gehören sollte, die du auf dieser Welt hast.

Eines Tages werden du und ich uns an diesen Abend er-
innern, darüber lachen und einander in die Arme fallen
können. Dessen bin ich mir sicher, weil ich selbst es mit
meinen Eltern erlebt habe. Auch ich habe meine Schwie-
rigkeiten mit ihnen gehabt. Ich werde dir irgendwann
Näheres dazu erzählen!

Nun aber solltest du deine Strafe akzeptieren, die gebühren-
de Reife beweisen und für dich selbst entscheiden, dass Derarti-
ges nicht wieder vorkommen wird.

Es wird in deinem Leben noch eine Menge Ausflüge geben,
und die meisten davon werden noch mehr zu bieten haben als
dieser eine nach Chicago. Dein Verlust ist also nicht unerträg-
lich groß. Der Verlust unseres gegenseitigen Vertrauens wäre um
ein Vielfaches unerträglicher gewesen.

Denk immer daran, dass deine Mutter und ich dich sehr, sehr
lieben und uns sehnlichst wünschen, dich zu einer bewunderns-
werten, ehrlichen und allseits respektierten Frau heranwachsen
zu sehen.

Gemeinsam können wir dieses Ziel erreichen!
Wir sehen uns am Freitagabend.

In Liebe,
Dad

So wunderschön und persönlich dieser Brief klingt, er war
weit mehr als ein Brief meines Vaters an mich. *Er war ei-*
ne Wende in meinem Leben. Ich hatte etwas getan, was ich

nicht hätte tun dürfen, und er hatte mich dabei erwischt. Daraufhin hatte er in der ihm angemessen erscheinenden Weise reagiert. Wirklich ausschlaggebend war jedoch die Tatsache, dass er sich nicht darauf beschränkte, eine drakonische Strafe zu verhängen, sondern sich die Zeit nahm, mir genau zu erklären, was ich mit meinem Handeln bewirkt hatte. Und das tat er mit viel Liebe und Zuneigung, damit ich sicher sein konnte, dass er zu mir stand, an meiner Seite, selbst während er mich nach Strich und Faden abkanzelte. In seinem Brief geht es, unter anderem, um Kommunikation, Vertrauen in andere Menschen und um Respekt. Ich würde Ewigkeiten brauchen, wenn ich versuchen wollte, auf seine wundervolle Art zum Ausdruck zu bringen, wie meine Hoffnungen, Sehnsüchte und Träume zu jener Zeit beschaffen waren – und über viele Jahre blieben. Doch diesem Brief meines Vaters verdanke ich, dass sie alle in mir erneut wachgerufen wurden und seither alles andere übertönen konnten.

Eine weitere Erkenntnis, die ich aus diesem Brief gewinnen konnte, ist die, dass ich erstmals sah, wie sehr das eigene Leben von dem bestimmt wird, was man daraus macht. Ganz gleich, wie sehr man bereits versagt haben mag, kann man jederzeit lernen und wachsen. Ich habe meinem Vater zugehört und gelernt, dass kein Hindernis unüberwindbar ist. An jenem Freitagabend nach dem Brief habe ich lange mit ihm zusammengesessen. Wir haben stundenlang über die Bedeutung der Wahrheit geredet. Ich hörte ihm zu und war gebannt von dem, was er mir über die Kraft der Wahrheit zu sagen wusste. Für ihn war Ehrlichkeit das einzig angemessene Mittel, sich selbst zu erkennen.

Dad hat mir beigebracht, dass ich die Wahrheit nur finden kann, wenn ich Situationen nicht allein danach beurteile, was mich an ihnen ärgert oder traurig macht, was ich in ihnen als mein Versagen empfinde, sondern indem ich sie *von allen Seiten* betrachte. Und indem ich mich auf mein Ziel konzentriere – das war ihm sehr wichtig. Ich müsste meine Antenne immer ausgefahren haben, aus allem lernen, was ich tat, auch wenn es sich darum gehandelt hatte, ihn zu belügen. Ich sollte nicht nur mit dem Wissen daraus hervorgehen, dass ich es besser nicht noch einmal probierte, sondern sollte erkennen, *warum* ich es nicht noch einmal probieren wollte.

SAG DIE WAHRHEIT!

Wenn ich jemals jemandem einen Rat geben dürfte, wie man die besten Seiten seines Ichs aufbauen und kontinuierlich, über sein gesamtes Leben aufrechterhalten kann, dann wäre es der, dass man sich täglich in Versalien vor Augen hält: SAG DIE WAHRHEIT.

* * *

Lange bevor ich erstmals von Hinkley hörte, hatte ich dank der Lehren und des Einflusses meines Vaters eine solide moralische Grundlage für meine Existenz gebildet. Viele Menschen hielten mich bis dahin wahrscheinlich für eine „völlige Versagerin", aber ich wusste trotzdem, dass ich es nicht war, weil ich feste moralische Prinzipien hatte. Versagen an sich ist ein zwiespältiger Begriff. Es wird zu oft an festgeschriebenen Vorstellungen von „Erfolg" und „Versagen" gemessen, an dem, was angeblich „normal" oder „unnormal" ist. Wer von uns ist denn tatsächlich „normal"? Und wer sagt, was „normal" ist? Nach welchem Maßstab? Und wer kümmert sich überhaupt die Bohne darum, was irgendwer irgendwie festlegt?

Ist der Hausmeister, der unten in unserer Straße wohnt und wenig Geld verdient für das, was er tut, ein Versager, weil sein Nachbar mehr verdient? Vielleicht ist er einfach mit weniger zufrieden als dieser Nachbar. Und? So lange dem Hausmeister klar ist, dass es weniger wichtig ist, *der beste Hausmeister der Welt* zu sein, als der beste Hausmeister zu sein, der *er sein kann*, ist er garantiert kein Versager. Und genau darum geht's: Was mich betrifft, so habe ich mich immerzu bemüht, die beste Erin zu sein, die ich sein kann, und damit könnte ich niemals richtig versagen – egal was andere denken mögen.

Die Wirklichkeit sieht doch so aus, dass wir mit den Umständen zurechtkommen müssen, wie sie sich einstellen. Wir tun unser Bestes, wir versuchen, positiv zu denken, und, wie eine von mir sehr bewunderte Frau sagte, die ihr Leben allein gemeistert hat: „Morgen ist ein neuer Tag." Wenn es schwierig wird, kneift man eben nicht den Schwanz ein und rennt davon. Denn falls man das tut, wird man sich hinterher dafür verachten, und das ist in meinen Augen eigentliches Versagen.

Vor langer Zeit habe ich einmal für eine Firma gearbeitet, die eine Haarpflegeserie namens „Lanza" verkaufte. Im Marketing zu arbeiten bedeutet, jede Menge Ablehnung als sein täglich Brot zu akzeptieren. Eines Tages sprach mich eine der älteren Kolleginnen an, die schon länger dabei und für meine Beurteilung zuständig war. Sie hatte gerade miterlebt, wie ich eine blanke Abfuhr von einem potenziellen Kunden eingesteckt hatte, und sagte: „Weißt du was, Erin, ich bin beeindruckt, wie gut du mit Kritik umgehen kannst."

„Ich sehe es nicht als Kritik", antwortete ich. „Für mich ist es nur eine andere Sichtweise."

> **Kritik ist für mich nur eine andere Sichtweise.**

Und genau so fühlte ich mich tatsächlich. Anstatt zu denken „Jetzt habe ich diesen Kunden nicht bekommen, also muss ich wohl eine Versagerin sein und sollte besser kündigen", hielt ich inne und fragte mich, ob ich eventuell irgendetwas getan hatte, was dieser Kunde als Beleidigung empfand. Warum habe ich ihn nicht überzeugen können? Und weil ich es wissen wollte, bat ich den Kunden, mir zu helfen, indem er mir erklärte, warum mein Angebot abgelehnt wurde. Es ist erstaunlich, wie viele Menschen sich bereitwillig die Zeit nehmen, ihre Gründe darzulegen, warum sie das tun, was sie tun. Noch erstaunlicher allerdings ist, dass ihr Handeln viel weniger von uns abhängt, als wir in unserem Frust zunächst annehmen.

Darum geht es nämlich: Sobald wir das Vertrauen in uns selbst verlieren, haben wir keine Chance mehr, etwas zu erreichen. Denn dann beziehen wir sämtliche negativen Erlebnisse direkt auf unsere Person und verbuchen sie als „unsere Fehler". Stattdessen sollten wir den Dingen auf den Grund gehen. Wir müssen uns immer wieder und wieder fragen: „Was will ich erreichen? Warum will ich es erreichen? Wie fange ich es an?"

Ich habe mich nie gescheut, anders als andere zu sein, oder Angst davor gehabt, jemand könnte mich für eine Versagerin halten. Es ist mir vollkommen gleichgültig. Ich kann nun einmal nichts tun, wovon ich nicht überzeugt bin. Das verstieße gegen meine Prinzipien. Deshalb war alles, was ich in meinem Leben tat, freiwillig. Selbstverständlich gab es Zeiten, da ich bittere Enttäuschungen erlebte, doch ich habe mich von ihnen nicht unterkriegen lassen. Ich war enttäuscht, weil ich die Schule nicht abschließen konnte. Doch obwohl ich nicht auf dieselbe Art lernen konnte wie alle anderen, wusste ich doch, dass ich meine Schwierigkeiten überwinden könnte. Und tatsächlich habe ich im zweiten Versuch meinen Highschool-Abschluss geschafft und sogar das College besucht.

Auch während meiner Arbeit am Hinkley-Fall war ich über weite Strecken alles andere als optimistisch, aber dennoch habe ich mich deshalb nicht gleich als Versagerin gefühlt. Statt klein beizugeben und den Kopf in den Sand zu stecken, habe ich alles mir Mögliche unternommen, um meine Sache durchzuboxen. Und wenn das beinhaltete, dass ich jemandem heftig gegen den Karren fahren musste, dann tat ich das. Warum nicht? Die Welt geht nicht unter, weil man seinem Ärger und seiner Wut Luft macht. Wer weiß – vielleicht ist sie hinterher sogar ein bisschen schöner. Und wenn es mit dem Luftmachen nichts wird, kann man immer noch heimfahren, eine heiße Dusche nehmen, sich einen Drink mixen und seine Lieblingsmusik auflegen. Das hilft.

Was immer ich tat, ich begann jeden Tag mit neuem Elan und dem festen Willen, es weiter zu versuchen. Und das ist auch richtig so, denn wie wir aus dem Sport wissen, bedeutet Punkterückstand nicht gleich das Ende.

Die Ausrichtung auf mein Ziel

Wollte man beschreiben, wer ich vor Hinkley war, so wäre es wahrscheinlich am treffendsten formuliert, wenn man sagte, ich hätte mein Problemkonto weitestgehend abgearbeitet. Ich war Legasthenikerin, litt unter schubweiser Magersucht, neigte zu schlimmen Panikattacken, wurde bei einem Autounfall schwer verletzt, machte zwei

Scheidungen durch, erhielt so gut wie keinen Unterhalt
für die Kinder und bezog kein geregeltes Einkommen.
Und dennoch dachte ich zu keinem Zeitpunkt, dass mich
all diese Umstände zu einer *Versagerin* stempelten. Warum
auch? Ich wusste, dass ich ein netter Mensch war, eine
Frau, die versuchte, ihre drei Kinder allein großzuziehen.
Selbst wenn ich wenig Geld hatte und nicht recht wusste,
wohin ich überhaupt wollte, habe ich es immer geschafft,
meine Kinder mit anständigem Essen zu versorgen und
ihnen ein Dach über dem Kopf zu bieten. Ich habe niemals gestohlen, jemanden willentlich verletzt oder betrogen. Ich war zu jeder Zeit fest davon überzeugt, dass
ich ein guter, moralisch integrer Mensch war – ganz
gleich wie desolat meine jeweiligen *äußeren Umstände* an-
muten mochten. Ich wusste, es müsste einen Grund geben für das, was mir widerfuhr, ohne zu wissen, welcher
es war.

Was mir vor Hinkley fehlte, war eine klare *Ausrichtung*,
das Hinarbeiten auf ein bestimmtes Ziel. Ich hatte zuvor
keine Gelegenheit gehabt, all meine Fähigkeiten und all
meine Kraft gebündelt einer Sache zu widmen. Dank Ed
Masry, seiner Kanzlei und den Menschen von Hinkley
hatte ich diese Chance.

Ich hatte nie Angst davor, „ich verstehe es nicht" zu sagen, aber genauso wenig davor, zu ergründen, was ich
verstehen wollte. Es ist vollkommen in Ordnung, nicht
alles zu wissen. Wäre mir das nicht zu jeder Zeit klar gewesen, so hätte meine Glaubwürdigkeit gegenüber den
Menschen in Hinkley ganz gewiss gelitten. Stattdessen
habe ich einfach Leute gebeten, mir bei den Dingen zu
helfen, die ich nicht verstand oder mit denen ich allein
nicht zurechtkam. Auf diese Weise habe ich eine Menge
gelernt – und eine Menge erreicht.

Zu Hause hielt ich es ebenso. Wann immer ich Probleme mit den Kindern hatte, fragte ich mich, wie es dazu gekommen war. Anschließend fragte ich *sie*, ob sie helfen könnten herauszufinden, warum etwas nicht funktionierte. Unsere Schwierigkeiten gingen wir gemeinsam an und lösten sie auch gemeinsam.

Meiner Ansicht nach steht und fällt alles damit, wie wir unsere Probleme wahrnehmen. Ich liebe bestimmte Klischees, die häufig den Kern

> **Was mir vor Hinkley fehlte, war eine klare *Ausrichtung*, das Hinarbeiten auf ein bestimmtes Ziel. Ich hatte nie zuvor Gelegenheit gehabt, all meine Fähigkeiten und all meine Kraft gebündelt einer Sache zu widmen.**

der Wahrheit treffen. „Das Glas ist entweder halb leer oder halb voll" ist eines, und es trifft den Nagel auf den Kopf! „Es gibt keine Probleme, sondern nur Lösungen." Haargenau! „Viele Wege führen nach Rom" ist noch so eines; und natürlich: „Irgendwie geht es immer weiter." Worauf man sich verlassen kann!

„Geld allein macht nicht glücklich." *Dieses* Sprichwort gehört zu meinen absoluten Favoriten. Möchte jemand mein schönes großes Haus bewundern? Nein, ernsthaft, ich will nicht behaupten, dass Geld unbedeutend ist. Es gibt uns die Möglichkeit, Dinge zu tun, die wir ohne Geld nicht tun könnten. Aber auf der anderen Seite nützt einem alles Geld der Welt nichts, wenn einem der Arzt sagt, man hätte einen inoperablen Tumor. Um zu unserem konkreten Fall zurückzukehren: Seit dem Vergleichsschluss von 1996 sind von den insgesamt 634 Klägern aus Hinkley fünfzig gestorben. Bei mehr als einem Drittel von ihnen stand die Todesursache in unmittelbarem Zusammenhang mit der Trinkwasserverseuchung durch

PG&E. Was hat das Geld diesen Menschen gebracht?
Muss man nicht vielmehr andersherum ansetzen und sagen, dass die Geldgier des Unternehmens ihr Ende be-
schleunigt hat? Wenn ich die Wahl hätte, so würde ich
meine persönliche Unversehrtheit allen Reichtümern
vorziehen. Ich kann jederzeit losziehen, mir einen Job suchen und Geld verdienen. Ist meine Würde oder meine
Gesundheit jedoch erst einmal beschädigt, wird es ungleich schwieriger, Gegenmaßnahmen zu treffen.

Nun zu meinem Lieblingsspruch, den ich bereits vorher erwähnte: „Was du nicht willst, dass man dir tu, das
füg auch keinem andern zu." Dies ist für mich die wichtigste Regel überhaupt. Man sollte andere Menschen immer so behandeln, wie man von ihnen behandelt werden
möchte. Nur wenn man Achtung vor anderen hat, kann
man sich selbst achten. Für mich liegt hierin der Grund,
weshalb ich eine Beziehung zu den Leuten in Hinkley
aufbauen konnte und weshalb sie Vertrauen zu mir gewannen. Wir hatten gemeinsame Hoffnungen und dieselben Vorstellungen davon, was gut und was richtig ist.
Und wir alle wussten, dass Gesundheit mehr wert ist als
materieller Gewinn. Dieses Wissen war unser ganzer
Halt, aber weil wir uns darin einig waren, konnten wir
kämpfen und am Ende siegen. Unser Vorteil bestand in
unserer Überzeugung, dass es eine Lösung für das Problem gab.

Ich erinnere mich daran, dass eine Highschool-Lehre-
rin einmal sagte, es gäbe zu jedem mathematischen oder
wissenschaftlichen Problem eine Lösung, und unsere
Aufgabe bestünde darin, so lange nach ihr zu suchen, bis
wir sie gefunden hätten. Ich habe das niemals vergessen.
Für mich ist es die Philosophie wider den Defätismus.
Aus ihr folgt unweigerlich die Erkenntnis, dass eine Lö-

sung, die nicht funktioniert, nicht zur Aufgabe zwingt, sondern zur Suche nach einer anderen. Selbst wenn man irgendwann fünfzig verschiedene Möglichkeiten durchprobiert hat, gibt es immer noch unendlich viele andere. Die meisten von uns geben sich vorschnell damit zufrieden, dass sie „einen Versuch gemacht haben". Wenn es nicht geklappt hat, zucken sie mit den Achseln und geben auf. Viel zu oft sagen wir voreilig, wir könnten nichts mehr tun. Dabei kann man, wie der Hinkley-Fall gezeigt hat, immer noch etwas mehr tun. Und wir haben mehr getan. Egal welche Hindernisse PG&E uns in den Weg stellte, wir haben alle Möglichkeiten durchgespielt, sie zu überwinden, bis wir die richtige gefunden hatten.

Deshalb wäre es am Ende kein Verlust gewesen, selbst wenn der Vergleich mit einem einzigen Dollar geschlossen worden wäre. Es hätte immer noch bedeutet, dass wir durchgehalten und bewiesen haben, dass wir im Recht waren. Die Öffentlichkeit hätte in jedem Fall mitbekommen, was in dieser Stadt geschehen war. Und die Welt hätte gelernt, dass man derartige Dinge nicht einfach hinnehmen muss, sondern etwas dagegen tun kann. Der eigentlich Sieg bestand darin, dass ein riesiges Unternehmen in die moralische Verantwortung genommen wurde. Dafür haben wir vier Jahre gekämpft und unser Ziel erreicht. Und das Geld? Nun, das Geld konnten wir natürlich alle gut gebrauchen, aber es war nicht das gewesen, worum es uns ging. Zumindest nicht für mich oder für Menschen wie Roberta, die sich in erster Linie dagegen wehrten, dass sie und ihre Familien durch die Gier eines Konzerns umgebracht würden.

Alles in allem läuft es darauf hinaus, dass – ganz gleich was unser Leben uns abverlangt – wir allein damit umgehen müssen. Wir brauchen einen gefestigten Charak-

ter, um den Herausforderungen gewachsen zu sein.
Wenn man dazu erzogen wurde, fair, umsichtig und ehrlich zu sein, kann man mit Stärke und Selbstvertrauen bestehen – gegen alles und jeden. Wer das kann, wird niemals ein Versager sein.

Teil 3:

Wer ich heute bin

7.

Du magst keine gesalzenen Tomaten? Pech!

Wenn man, wie ich, im mittleren Westen aufwächst, gibt es einige Ausdrücke, die sich weit über ihren lexikalischen Gehalt hinaus verselbstständigt haben. Einige von ihnen sind mehr, andere weniger scharf, aber gemeinsam ist ihnen allen, dass sie auf keinen Fall wörtlich genommen werden sollten. Bei Licht betrachtet, handelt es sich meistens um besonders anschauliche Ausdrucksformen für etwas, das man durch Erfahrung besser lernen kann als durch sprachliche Vermittlung.

Einer dieser Ausdrücke, die ich von frühester Kindheit an kenne, ist „Pech!". Ich habe dieses Wort von meinem Vater so oft gehört, dass es für mich vollkommen losgelöst von seiner ursprünglichen Bedeutung existierte – eher wie ein fester Bestandteil unseres Familienwappens.

Während meiner ersten Vortragsreisen habe ich meine Reden gern mit einer kleinen Anekdote über meine jüngste Tochter Beth, meinen Vater und diesen speziellen Ausdruck begonnen. Bei meinen Zuhörern fand sie durchweg großen Anklang, was wahrscheinlich damit zusammenhing, dass sie alle eine Beziehung zu diesem Wort haben. Jeder hat es schon gehört oder selbst benutzt. Es klingt wahr, weil wir instinktiv spüren, was gemeint ist. Es ist einer dieser Ausdrücke, die uns in ihrer Einfachheit erstaunen und überzeugen.

Kurz nachdem der Film zu Ende gedreht war, überschlugen sich die Ereignisse in meinem Leben. Ich fühlte mich, als säße ich im Wagen auf einer überfüllten dreispurigen Autobahn, von der zwei Spuren gesperrt waren. Ich befand mich sozusagen in einem emotionalen Verkehrsstau! Als ich es schließlich nicht länger aushalten konnte, ballte ich die Fäuste und brüllte so laut ich konnte: *„So'n Pech!"*

Danach ging es mir besser.

In diesem Moment fiel mir die kleine Geschichte ein, von der ich meinen Zuhörern so häufig erzähle. Als Elizabeth fünf Jahre alt war, kamen meine Mutter und mein Vater uns in Kalifornien besuchen. Ich hatte Beth gesagt, dass wir ihre Großeltern erwarteten, und fragte sie, ob sie sich freute.

„Nein", sagte sie. Dann zog sie ihren berühmten Schmollmund.

„Was? Warum freust du dich denn nicht? Was ist los mit dir, Süße?"

„Ich mag Opa nicht mehr!"

Ich wollte meinen Ohren kaum trauen. Na prima, dachte ich mir, da muss irgendetwas schief gelaufen sein. „Magst du Opa denn gar nicht mehr? Er liebt dich doch."

Sie schwieg, und ich ließ es dabei bewenden, bis ich ein paar Tage später herausfand, was der Grund für ihre plötzliche Abneigung war. Es lag an Beths Vorliebe für Tomaten! Beim letzten Besuch der Großeltern hatte mein Vater eines Abends auf die Kinder aufgepasst. Beth hatte ihn gebeten, ihr ein paar Tomaten in Viertel zu schneiden, was er bereitwillig tat. Bevor er ihr den Teller hinstellte, streute er Salz über die Tomatenstückchen – wie er es auch tat, wenn er selbst Tomaten aß. Beth biss in das erste Stückchen und brüllte: „Iiih! DIESE TOMATEN SIND SCHEUSSLICH! DA IST *SALZ* DRAUF! ICH ESS DIE NICHT!"

Mein Vater lächelte sie an und sagte sanft: „Tja, Pech."

Beth mit ihren fünf Jahren verstand natürlich nicht, was er meinte, sah ihn an, als wäre er komplett übergeschnappt, und brach in Tränen aus. In diesem Moment kam meine Mutter in die Küche. Sie sah die bitterlichst heulende Beth, hatte aber keinen Schimmer, was vorgefallen war. Ehe sie fragen konnte, sagte mein Vater: „Sie will ihre Tomaten nicht essen, weil Salz drauf ist. Pech."

„*Die mag ich nicht*", schluchzte Beth.

„Macht nichts", sagte mein Vater, immer noch lächelnd. „Dann esse ich sie eben."

Und das tat er.

An diesem Abend ging Beth beleidigt und wütend ins Bett – ohne Tomaten.

Das war der Grund, weshalb sie beschlossen hatte, ihren Opa nicht mehr zu mögen. Da ich von all dem nichts wusste, rief ich meinen Vater an, erzählte ihm, was Beth gesagt hatte, und fragte ihn, ob er den Grund wüsste. Jetzt erst erfuhr ich, was geschehen war.

„Hör mal, Dad, das war aber pädagogisch nicht besonders wertvoll. Sie ist schließlich erst fünf. Da finde ich nicht, dass man so mit ihr reden sollte."

Schweigen am anderen Ende. Und dann hörte ich meinen Vater: „Pech."

„*Oh, verdammt, Dad!*"

Ich knallte den Hörer auf. Nun war ich es, die beleidigt und wütend war. Nur dass es bei mir nicht allzu lange anhielt. Je mehr ich darüber nachdachte, umso besser verstand ich, warum er gerade so mit ihr geredet hatte. Allmählich dämmerte mir, was er meiner Tochter und mir damit hatte sagen wollen. Es war Bestandteil dessen, was ich gern als „Vaters Philosophie" bezeichne, und es hat mir noch einmal gezeigt, dass mein Vater alles und jedes mit derselben, für ihn typischen Beständigkeit anging.

Ich denke, worum es ihm an jenem Abend ging, lässt sich in einem Wort ausdrücken: *Akzeptanz.*

Wir alle erleben Momente, da wir mit dem Kopf gegen die Wand rennen. Jeder kennt diese Zeiten, wenn nichts zu funktionieren scheint. Alles läuft schief, und wir haben keine Ahnung, warum. Es ist, als käme alles zum Erliegen. Und uns bleibt nicht anderes übrig, als abzuwarten, bis es weitergeht. In solchen Phasen können wir uns verrenken, wie immer wir wollen, wir können nichts tun als *… es zu akzeptieren.* Manchmal sind die Dinge eben so, wie sie sind, und wir können nichts dagegen unternehmen.

* * *

Ich habe eine dieser Phasen durchgemacht, als ich im Sorgerechtsstreit mit meinem Ex-Mann war. Nach jahrelangem Streit waren wir so weit gekommen, ein schmutziges Tauziehen um ein Kind zu veranstalten. Einmal zog er kräftiger, gewann ein paar Zentimeter und machte Punkte, dann zog ich wieder, holte seinen Vorsprung auf, und immer so weiter. Dabei gewinnt eigentlich niemand irgendetwas, die Gefühle des Kindes fallen der Absurdität dieser Schlammschlacht zum Opfer, und beide gegnerischen Parteien beharren auf einem aussichtslosen Hin und Her, das niemandem hilft. Während dieser Zeit wachte ich eines Morgens auf und dachte, also gut, was soll's! Ich spiele nicht mehr mit. Endlich hatte ich begriffen, dass das, was geschah, schlicht „Pech" war und ich nichts dagegen tun konnte. Ich musste in den sauren Apfel beißen und meine Lektion ein weiteres Mal lernen. Man muss erkennen können, wann man aufgeben sollte – ganz gleich, was auf dem Spiel steht. Manchmal besteht der eigentliche Sieg darin, dass man weiß, wann man klein beigeben muss. Oder, um bei unserem ursprünglichen Beispiel zu bleiben, wann man seine Tomaten mit Salz essen muss.

Denken wir einen Augenblick nach. „Pech" gehört zu unserem Leben. Genauso wie Anwälte, die sich für widerwärtige Erpressungsversuche hingeben. Manchmal können wir uns nicht dagegen wehren

> **Manchmal besteht der eigentliche Sieg darin, dass man weiß, wann man klein beigeben muss.**

und müssen lernen, unser Schicksal zu akzeptieren. Es ist, als säße man stundenlang in einem Stau; man ärgert sich, regt sich auf, bis man schließlich kocht vor Wut. Ebenso gut aber könnte man auch ruhig dasitzen und sich damit abfinden, dass es nun einmal so ist, wie es ist. Dann kann man sich damit trösten, dass es irgendwann weitergehen wird und man dahin kommt, wo man hin will.

Tja, und man kann die Zeit natürlich auch sinnvoll nutzen – beispielsweise, indem man Selbstgespräche führt. Das ist oft viel hilfreicher als das eintönige Geleier des Verkehrsfunks!

Ich erlebe derzeit eine „Pechsträhne" mit meinem Haus. Ein weiteres, glorreiches Beispiel für Wahrheit und Gerechtigkeit! Vielleicht gewinne ich sogar meine Klage gegen die Bauunternehmer. Vielleicht verliere ich aber auch. Doch selbst dann habe ich zumindest die Sicherheit, dass ich für eine gerechte Sache eingetreten bin, für den gerechtfertigten Anspruch meiner Familie auf ein gesundheitlich unbedenkliches Haus. Und das ist die Hauptsache.

Ich vermute, der Unterschied zwischen den Leuten, die das Haus gebaut haben, und mir besteht darin, dass ich an meine Sache *glaube*. Dieser Glaube steht im Zentrum all der Schlachten, die zu kämpfen uns das Leben aufgibt. Glaube ist eine Form von Selbstvertrauen, das eine Form von Respekt ist, welcher wiederum eine Form von Wahrheit darstellt.

So einfach ist es.

Wenn man in seinem Leben irgendeinen Sieg anstrebt, sollte man die wichtigste Regel nie aus den Augen verlieren: Scheu nie davor zurück, es im Zweifelsfall allein durchzustehen! Gemäß meinen bisherigen Erfahrungen sind Frauen eher bereit als Männer, offen ihr Mitgefühl zu zeigen. Wir haben eine ausdrucksstärkere Körpersprache und weniger Scheu davor, emotionale Bindungen einzugehen. Für Männer hingegen sind Liebe und Zuneigung zweitrangig; an erster Stelle kommt meist der Sex.

Ich halte mich nicht für berechtigt festzulegen, welche Art gut oder schlecht ist, oder ob überhaupt eine besser ist als die andere. Wir sind in dieser Hinsicht eben einfach verschieden.

> **Scheue nie davor zurück, es im Zweifelsfall allein durchzustehen!**

Nichtsdestoweniger neigen Frauen dazu, ihrem Bedürfnis nach Bindung Dinge zu opfern, die ihnen eigentlich wichtig sind. Aus lauter Angst, ihren Partner zu verlieren, geben sie eine Menge auf. Die verheerende Anzahl misshandelter Frauen spricht Bände. Viele dieser Frauen waren bei mir, um mich um Rat zu fragen, was sie tun könnten, wobei sie niemals auch nur erwogen, die Männer zu verlassen, die sie quälten. Sie haben entsetzliche Angst davor, ohne ihren Partner zurechtkommen zu müssen. Ich versuche, sie davon zu überzeugen, dass sie es allein schaffen können, wenn sie wollen. Ich glaube, Frauen lassen sich bis heute Angst einjagen von einer Welt, die nach wie vor männerdominiert ist. Wir sind zwar schon ein gutes Stück vorangekommen, keine Frage, aber seien wir doch ehrlich: Wir sind noch meilenweit vom Ziel entfernt. Und das gilt für jede Einzelne von uns. Die meisten von uns sind zu schüchtern, trauen sich nicht, ihre eigenen Rechte einzufordern, einzustehen für das, woran sie glauben – und alles aus lauter Furcht davor, dass sie womöglich allein kämpfen müssen.

Ich selbst habe mich lange genug von dieser Angst unterkriegen und mich von ihr zu den falschen Entscheidungen verleiten lassen. Bis heute klingen die Stimmen jener in meinen Ohren, die am Tag meiner zweiten Scheidung unkten, ich könnte von jetzt ab vielleicht für immer allein bleiben. „Du bist zweimal geschieden und hast drei Kinder; wer nimmt dich denn noch?"

Bevor irgendwelche Missverständnisse aufkommen: Ich halte echte Partnerbeziehungen für eine wunderbare Sache. Sie sollten einen nur nicht darum bringen, der Mensch zu bleiben oder zu werden, der man sein möchte. Wenn das eintritt, sollte man sich nichts vormachen und besser gehen. Dann allerdings sind wir stigmatisiert, und das zeichnet sich in allem ab, was wir tun – in der Art, wie wir uns kleiden, wie wir uns verhalten und wie wir leben. Unlängst bin ich im Internet über einen höchst interessanten Verriss des *Erin-Brockovich*-Films gestolpert, dessen Kritik nicht das Geringste mit dem Inhalt, also der Klage gegen PG&E, zu tun hatte, sondern ausschließlich mit der Art, wie Erin gekleidet ist und wie sie spricht. Mein erster Gedanke war: Verdammt, das finde ich billig und schäbig. Menschlichkeit misst man schließlich nicht an Markennamen oder perfekter Rhetorik. In dem Film geht es vor allem um persönliches Engagement und um das, was in der Person Erin vor sich geht. Ich bin sicher, dass ich eigentlich ein guter Mensch bin. Nichts liegt mir ferner als Heuchelei, und ich lasse mich von nichts und niemandem in irgendeine Rolle zwingen, nur damit ja nicht irgendwelche Autoritäten Anstoß nehmen.

Was wäre wohl gewesen, wenn die Hauptperson in dem Film ein junger, bärtiger Mann in Jeans und T-Shirt gewesen wäre? Nun, diese Frage ist sicherlich nicht uninteressant, nicht wahr? Ich hoffe, diese und alle anderen ausschließlich auf Äußerlichkeiten fixierten Kritiker denken einmal darüber nach.

Sehen wir uns doch einmal die Frauen an, die heute von allen verehrt werden; die jungen Models in den Hochglanzzeitschriften und die Filmstars. Sie alle verkörpern das Rollenideal einer Frau, auf die angeblich alle Männer fliegen (sollten). Als Mutter einer pubertierenden Tochter und einer weiteren, die demnächst damit beginnen wird, finde ich diese oberflächlichen Vorgaben äußerst Besorgnis erregend. Sobald eine junge Frau versucht, diesen Vorbildern nachzueifern, wird sie abgestempelt. Von Männern! Und was lernen wir daraus? Männer mögen verführerische, aufreizende, kesse Frauen, wie sie in den Medien tausendfach benutzt werden, um irgendwelche Produkte „an den Mann zu bringen", doch wenn eine Frau in der „wirklichen Welt" gern verführerisch, aufreizend und kess sein möchte – peng! –, schon ist sie eine Schlampe. Auf Grund dieser Verunsicherung einerseits und dem gleichzeitigen Willen zu gefallen andererseits, verbergen die meisten Frauen, wer sie wirklich sind oder gern sein wollen. Denn der Preis, den sie dafür zahlen, der Mensch zu sein, der sie sein möchten, ist unter Umständen sehr hoch: Einsamkeit.

Also beugen wir uns – buchstäblich *und* metaphorisch

– dem Bild, das andere von uns erwarten. Wir tun es für die Kinder, für unsere Chefs, für unsere Ehemänner. *Höchste Zeit, dass wir mit diesen Krümmungsübungen aufhören!*

Der Ausweg, den ich aus diesem Teufelskreis gefunden habe, liegt in meiner persönlichen Variante der „Pech-Akzeptanz", die ich von meinem Vater gelernt habe: *Scheue nie davor zurück, es im Zweifelsfall allein durchzustehen.*

8.

Rhythmen, die alles beherrschen

Ich wurde im Mai 1990 zum zweiten Mal geschieden, und diese Scheidung läutete ein sehr bewegtes Jahr für mich ein, an dessen Ende ein tragisches Ereignis stand. Noch vor Ablauf dieses Jahres war alles, woran ich glaubte, zutiefst erschüttert worden. Es begann damit, dass ich kurz nach meiner katastrophalen Fahrt durch den Schneesturm herausfand, dass ich erneut schwanger war. Beth kam im April 1991 zur Welt. Im Juni desselben Jahres war ich bei meiner Freundin in Kalifornien, wo ich dem Motorradfahrer begegnete. Im September hatte ich meine Halswirbelsäulenoperation. Und schließlich folgte im Dezember Steves Klage auf Sorgerecht, die mich in helle Panik versetzte, da meine Chancen als allein erziehende und arbeitslose Mutter nicht gerade zum Besten standen.

Als wäre all das noch nicht schrecklich genug, tauchte zu dieser Zeit meiner erster Ex-Mann überraschend auf – das Letzte, womit ich gerechnet hatte oder was ich gebrauchen konnte. Er hatte Probleme, eine Wohnung zu finden, und ich ließ ihn übergangsweise bei mir wohnen. Immerhin war er der Vater von Matt und Katie. Er zog in die Garage, die zu unserem kleinen, kakerlakenverseuchten Häuschen gehörte. Sie war vollständig ausgebaut und beinahe in besserem Zustand als das Haus selbst. Die Besitzer hatten sie teilmöbliert, so dass Shawn hier einen Fernseher, eine Couch und sogar einen Telefonanschluss hatte.

Ungefähr eine Woche nach seinem Einzug fand er einen Job. Kurze Zeit später fing er an, regelmäßig nach der Arbeit auf Parties zu gehen. Eines Nachts dann überschritt er endgültig die Grenze: Er brachte Freunde nach Hause.

Es war furchtbar. Ich wachte mitten in der Nacht auf, weil infernalischer Lärm durch die Wände drang. Zuerst glaubte ich, die Nachbarn veranstalteten eine Party, doch dann wurde mir klar, dass der Krach aus meiner Garage kam. Ich ging hinaus und fand Shawn mit seinen Freunden – und Jorge. Das Chaos war perfekt! Ich lebte mit einem Mann zusammen, den ich nicht liebte, der aber die Kinder mochte und sich um sie kümmern wollte. Und dieser Mann grölte und feierte mit meinem Ex-Mann in der Garage, während mein anderer Ex-Mann gerade versuchte, einen Nachweis dafür zu erbringen, dass Beth bei mir nicht in guten Händen wäre.

Am darauf folgenden Tag kam ich zu dem Entschluss, dass Shawn ausziehen müsse. Als ich es ihm sagte, war er sehr verärgert und pöbelte herum. Ich teilte es den Kindern mit, doch zu meiner Überraschung waren sie kein bisschen weniger aufgebracht als er! Ich bekam wieder einmal die Schuld für etwas, das jemand anders zu verantworten hatte. Die Kinder wollten ihren Vater bei sich haben – das kann man ihnen nicht verdenken. Da sie zu jung waren, um meine Gründe zu verstehen, entlud sich ihre Wut allein auf mich.

Ich war ratlos. Monatelang grübelte ich über eine Lösung nach, mit der wir alle leben könnten. Dann läutete eines Nachts um halb vier das Telefon. Ich saß allein im Wohnzimmer, weil ich nicht schlafen konnte, und mir wurde schlagartig mulmig, da Anrufe um diese Zeit niemals Gutes verheißen. Als Erstes schoss mir durch den

Kopf, dass meinem Vater etwas zugestoßen sein könnte. Klopfenden Herzens nahm ich den Hörer ab. Am anderen Ende meldete sich eine Männerstimme. Es war ein Arzt, der mir sagte, dass Shawn einen schweren Autounfall gehabt und sich das Genick gebrochen hätte. Das bedeutete, er könnte unter Umständen vollständig gelähmt sein. Der Arzt meinte, er hätte Glück gehabt, überhaupt zu überleben. Kurz darauf starb mein Bruder Tommy, der jung und gesund gewesen war. Die Chronologie dieser Ereignisse ist erschreckend, aber zugleich zeigt sie jenen alles beherrschenden Rhythmus, in dem die Wellen des Ozeans, der unser Leben ist, auf- und niedergehen. Manchmal drohen sie, uns zu ertränken oder fortzuspülen. Alles hängt davon ab, ob wir uns auf ihnen halten können. Zu jener Zeit schien es mir, als brächen riesige Wellentürme über mir zusammen. Doch ich kämpfte mich immer wieder durch an die Wasseroberfläche, schaffte es, den Kopf knapp über Wasser zu halten, bis Ed Masry mir diesen Rettungsring mit Namen „Hinkley" zuwarf und mich in ruhigere Gewässer zog.

* * *

Die Idee zu dem Film über meine Arbeit in dem Hinkley-Fall entstand 1995 – einem seichten Wellenplätschern gleich, um beim Bild zu bleiben – über eine Verkettung verrückter Zufälle. Auslöser war meine Chiropraktikerin, Pamela Dumond, die sich von mir alles über den Fall erzählen ließ. Pamela war eine Freundin meiner Schwester Jodie, und ich hatte sie kennen gelernt, als sie beide in Chicago lebten. Nach meinem Autounfall hatte ich Schmerzen im Schulter- und Nackenbereich, die einfach nicht abklingen wollten. Also drängte Jodie mich, zu Pamela zu gehen, die inzwischen nach L.A. umgezogen war. Ich schob es eine ganze Weile vor mich hin. Als ich es nicht länger aushielt, rief ich sie an.

Wir haben uns sehr schnell angefreundet, und während meiner Behandlungen erzählte ich ihr von Hinkley, davon, wie ich tote Frösche aus den Wasserbecken fischte, was PG&E sich alles ausdachte, um unsere Beweise niederzuschmettern, und von meinen kleinen und großen Problemen mit Jorge und den Kindern. Sie war jedesmal fasziniert von meinen Berichten und fragte mich, wie ich es schaffte, in diesem ganzen Chaos zu bestehen. Sie meinte, es wunderte sie wenig, dass ich Schmerzen hatte, den Kopf hoch zu halten. Sicher hatte sie Recht damit. Mir selbst schien es, als wäre meine Welt erfüllt von Schmerzen.

Was ich zu dieser Zeit nicht wusste, war, dass Pam auch Carla Schamberg behandelte, die Frau von Michael Schamberg. Und er ist der Partner von Danny DeVito und betreibt mit ihm die Filmproduktionsfirma Jersey Film. Wenn Carla zu Pam kam, erzählte die ihr von den jüngsten Ereignissen in meinem Leben. Das ging über mehrere Monate so, bis Carla eines Tages sagte: „Ich muss diese Frau kennen lernen!"

Ein paar Tage später berichtete mir Pam von einer Freundin im Filmgeschäft und fragte mich, ob sie ihr von meiner Geschichte erzählen dürfte. Sie verriet mir nicht, dass sie es schon längst getan hatte. „Klar", antwortete ich. „Warum nicht?" Danach dauerte es nicht mehr lange, bis Carla mir durch Pam bestellen ließ, dass sie mich gern zu sich einladen würde.

Ich sagte bereitwillig zu und vereinbarte einen Termin mit ihr. Dann dachte ich an die ganze Sache nicht mehr bis zu jenem unvergesslichen Tag, an dem ich zu ihr ging.

Ich stand vor ihrem Haus und klingelte. Als sie öffnete, erstarrte sie für einen Moment. Ich kannte das bereits; es war dieser Blick, mit dem mich die meisten Menschen beim ersten Mal ansehen. Da stand ich, eine große Blondine mit wilder Mähne auf hochhackigen Pumps, mit Lederminirock und Lederbustier. Es war besonders irritierend, weil Carla selbst eine kleine, zarte Frau ist. Die Art, wie sie mich anschaute, erinnerte mich unwillkürlich an meine erste Begegnung mit Roberta in Hinkley.

Einige Sekunden lang starrten wir einander an, dann brachen wir beide in Gelächter aus. Damit war die Anspannung schlagartig verschwunden. Der erste Tag, den wir gemeinsam verbrachten, war phantastisch. Wir hatten jede Menge Spaß zusammen. Fünf Stunden redeten wir miteinander und lernten uns gegenseitig kennen. Zufällig war es mein Geburtstag, weshalb dieses Erlebnis für mich etwas Feierliches hatte. Irgendwann sagte Carla mir, dass sie gern einen Film über meine Arbeit an dem Hinkley-Fall drehen würde, in dem all das vorkommen sollte, was sie bislang von Pam über meine Geschichte gehört hatte.

Am nächsten Tag sprach sie mit ihrem Mann und sagte ihm, er müsse sich unbedingt mit mir treffen, weil ich eine Geschichte hätte, die perfekt geeignet für einen guten Filmstoff wäre. Außerdem fand sie, dass es eine hervorragende Rolle für Julia Roberts wäre.

„Ja, ja", sagte ihr Mann in diesem Ton, der ungefähr so viel heißt wie „ganz bestimmt nicht". Michael war ein erfolgreicher Produzent, der derartige Sachen tausendmal am Tag gesagt bekam. Jeder, vom Parkplatzwächter bis zum Produktionsleiter, behauptete dauernd, eine Superrolle für Julia Roberts zu haben, und wedelte mit mehr oder weniger unausgegorenen Drehbüchern. Und nun musste er es sich auch noch von seiner Frau anhören, die die letzte Person war, von der er wollte, dass sie ihn mit Filmideen belästigte. Also tat er die ganze Sache ab und vergaß alles, was seiner Meinung nach Carlas Phantasie entsprang.

Nur wollte Carla die Sache ganz und gar nicht vergessen. Tag für Tag redete sie auf Michael ein – ungefähr so, wie ich seinerzeit auf Jim Vititoe und Ed Masry eingeredet hatte, um den Job bei ihnen zu bekommen. Und schließlich gab auch Michael klein bei – wie Jim und Ed es getan hatten. Er erklärte sich bereit, die Idee seinen Partnern vorzustellen, und stimmte zu, Carla das Projekt weitestgehend allein vorbereiten zu lassen, bis Jersey Films entschieden hatte, ob sie einsteigen wollten oder nicht. Das war zwar noch nicht optimal, aber immerhin besser als gar nichts.

Und es war alles, was Carla verlangte. Ich weiß noch, dass ich uns von Anfang an für ein tolles Team hielt, obwohl ich nicht den geringsten Schimmer hatte, worauf ich mich da einließ oder was genau wir eigentlich zu machen hatten. Carla wurde leitende Produzentin, und kurze Zeit später erhielt ich einen Anruf, dass ich zu Danny DeVito kommen möge, einem der Direktoren von Jersey Films.

Dieser Tag fing für mich nicht besonders rosig an. Als ich aufwachte, hatte ich Kopfschmerzen und geschwollene Mandeln. Deshalb überließ ich bei unserem Treffen ausnahmsweise jemand anderem das Reden. Danny, der es liebt, Geschichten zu erzählen, war das reinste Energiebündel. Dann und wann hielt er kurz inne, um abzuwarten, ob ich etwas sagen würde. *Irgendetwas.* Da nichts kam, plapperte er weiter. Nachdem mehr als eine Stunde verstrichen war, fragte er mich, ob ich überhaupt jemals sprach. Ich antwortete krächzend: „Klar tu ich das."

Er sah mich staunend an. „So sprechen Sie doch nicht immer, oder?"

Ich schüttelte energisch den Kopf, und wir beide lachten. Von da an wusste ich, dass es gut werden würde.

Vorbereitungen für den Film

Bei meinem ersten Kontakt zu ihm und zu Jersey Films, 1995, war der Hinkley-Fall noch lange nicht abgeschlossen. Es sollte weitere fünf Jahre dauern, bis der Film gedreht wurde – beinahe so lange, wie der Fall gebraucht hatte. Während dieser Jahre kamen wir alle immer wieder an den Punkt, wo unsere Hoffnung auf einen Premierenabend schwand. Es verging allein eine halbe Ewigkeit damit, von allen Personen die Rechte zu bekommen, ihre Figuren im Film darzustellen. Carla ist eine sehr vorsichtige Frau, die sich davor hütet, über etwas zu reden, ohne dass alles unter Dach und Fach ist. Sie erklärte mir von Anfang an: Nur weil sie daran *dachte*, die Rechte an meiner Geschichte zu kaufen, hieße das noch längst nicht, dass jemand sie verwertete und am Ende tatsächlich ein Film daraus gemacht würde. Wieder und wieder sagte sie mir, diese Art von Projekt – sie nannte es „ein wenig bizarr" und „keine Konfektionsware" wie die gängigen Liebesschnulzen oder Actionkracher aus Hollywood – landet oft in irgendwelchen Regalen, wo es verstaubt und für immer vergessen wird. Natürlich war sie im Grunde ihres Herzens fest davon überzeugt, dass unsere Geschichte untypisch war, aber trotzdem ein paar Elemente sowohl von Lovestory als auch von Action-Abenteuer enthielte – ein bisschen so wie *Silkwood* oder *China Syndrome*. Deshalb hoffte sie inständig darauf, am

Ende von irgendeinem Studio grünes Licht zu bekommen (sprich: das nötige Geld).

Einige Monate nach meiner ersten Begegnung mit Carla rief mich jemand von Jersey Films an. Dieses Telefonat haute mich glatt um. Sie rieten mir, mich mit einem Anwalt zu beraten, da unser Projekt grünes Licht bekommen hatte. Sie wollten tatsächlich den Film drehen! Ich sollte 30.000 Dollar Vorschuss auf meine Rechte bekommen, und mein erster Gedanke war: Mensch, selbst wenn dieser Film nie zu Stande kommt, habe ich Dreißigtausend in der Tasche! Meinetwegen! Nur her mit den Kameras!

Meine Freude hielt nicht allzu lange vor. Gleich zu Beginn, noch bevor Susannah Grant (die später einen Academy Award für ihr Drehbuch erhalten sollte) zu uns gestoßen war, hatte irgendeine Leuchte die brillante Idee, eine romantische Beziehung zwischen Ed und mir hineinzudichten, um den Film ein bisschen „konventioneller" zu machen. Ich war entrüstet. Selbstverständlich lehnte ich blankweg ab und ließ keinen Zweifel daran aufkommen, dass eine solche Änderung der Geschichte für mich ein glatter Vertragsbruch wäre. Warum? Ganz einfach: Weil – abgesehen davon, dass kein Körnchen Wahrheit daran war – dieser Hollywoodschmalz alles abgewertet hätte, woran ich so lange gearbeitet hatte. Wie es die Ironie des Schicksals will, haben meine Ex-Männer sich haargenau denselben Blödsinn ausgedacht, um mich wenige Jahre später zu erpressen.

Beide Fälle veranschaulichen für mich sehr überzeugend, wie simpel menschliches Denken bisweilen strukturiert ist. Wenn ich darüber nachdenke, wie abwegig die Idee einer Affäre zwischen Ed und mir ist und wie sehr gerade dieser Gedanke dem zu entsprechen scheint, was

die Öffentlichkeit sofort vermutet – und offenbar sogar
braucht, um Erins Geschichte zu glauben –, schaudert es
mich. Immerhin ging es hier um meine Geschichte, die
ich erlebt hatte. Diese Verfremdung war für mich wie ein
Schlag ins Gesicht, eine Bestätigung all der Vorurteile, gegen die ich so viele Jahre gekämpft hatte. Wieder hieß es,
ich hätte nicht leisten können, was ich tatsächlich geleistet
hatte. Wieder hieß es, mir fehlte die Kompetenz, das Wissen und das Selbstvertrauen, um so etwas durchzuziehen.
Außerdem sähe ich schließlich aus wie jemand, der
„leicht zu haben" wäre. Aus all diesen Scheingründen
meinten die Leute in Hollywood und meine beiden Ex-
Sonstwasses, mein Erfolg müsste auf etwas anderem als
meiner Arbeit beruhen. Ich war wieder einmal das
„Püppchen-im-Glück" oder die Frau, die sich nach oben
geschlafen hatte. Es war letztlich egal, was ich mit dem
Hinkley-Fall durchgemacht hatte. Weder die Menschen,
die meine Geschichte kannten, noch die teils sehr begab-
ten Filmleute verstanden und respektierten, was ich
tatsächlich erreicht hatte. In beiden Fällen, während der
Entstehung des Films ebenso wie während der Erpres-
sungsgeschichte, traf mich diese Erkenntnis wie ein Don-
nerschlag. Ich war fassungslos und traurig, zumal ich bis
heute sicher bin, dass es immer noch eine Menge Leute
gibt, die an meiner tatsächlichen Rolle in diesem Fall
zweifeln, die weder glauben wollen noch können, was
wirklich geschehen ist. Sie weigern sich einfach einzusehen, dass ich hart gearbeitet habe. Sie sind viel zu sehr
damit beschäftigt, auf meine Oberweite zu starren, als
dass sie die moralischen Grundsätze erkennen könnten,
die mein Handeln motivierten.

Selbstverständlich stellte ich von Anfang an klar, welche Folgen auch nur die leiseste Andeutung einer mehr

als beruflichen Beziehung zwischen Ed und mir hätte: Ich würde den Vertrag auf der Stelle kündigen, und mein Ausstieg würde mit Pauken und Trompeten vonstatten gehen.

Der Regisseur Steven Soderbergh war ohnehin von vornherein gegen jedwede romantische Verklärung des Stoffes und unterstützte mich voll und ganz. Daher ging er dazu über, bei missverständlichen Szenen zunächst zu mir zu kommen, um mit mir gemeinsam zu klären, ob der betreffende Teil der Geschichte wahr war oder nicht. Ein bezeichnendes Beispiel dafür ist die Szene in der Bar, in der es so aussieht, als würde ein Angestellter von PG&E sich an Julia (mich) heranmachen. Diese Filmszene war zweifellos heikel und hätte leicht doppeldeutig wirken können.

Der Fall befand sich zu jenem Zeitpunkt in einem kritischen Stadium. Im Originalskript sitze ich in dieser Bar, der Mann spricht mich an, und es hat den Anschein, als hätte er es lediglich darauf abgesehen, mich abzuschleppen. Steven kam zu mir, um die Szene mit mir durchzugehen, weil ihn etwas daran störte, er jedoch nicht wusste, was es war. Er hatte einen ausgeprägten Instinkt dafür, wenn etwas nicht der Wahrheit entsprach. Also sagte ich ihm, sein Unbehagen wäre durchaus berechtigt, denn „es ist nie passiert, zumindest nicht so, wie es da steht".

Anschließend erzählte ich ihm, was wirklich geschehen war. „Ja, ich war in dieser Bar. Sie heißt ‚Sit'n'Bull'. Draußen war es unerträglich heiß, und ich hockte da und fragte mich, was um alles in der Welt ich inmitten dieser Einöde zu suchen hatte. Ich sah meine Kinder kaum noch, ich war sicher, dass ich niemals würde beweisen können, was PG&E diesen Menschen in Hinkley angetan hatte, ich war müde, und ich hatte das Gefühl, auf der

Stelle zu treten. Während ich frustriert mein Bier trank, umschwirrten mich Dutzende von Stallfliegen. Als ich gerade dachte, dass mein Leben wirklich ein Haufen Schrott wäre, kam dieser Angestellte von PG&E, Chuck Ebersohl. Chuck hatte mich auf einer Angestelltenversammlung gesehen. Seine Tochter stand bereits auf der Liste der Kläger, und Chuck wusste, dass ich mit Lilian Melendez und einigen anderen Angestellten von PG&E befreundet war. Vielleicht sprach er mich aber auch nur an, weil ich an diesem Tag so entsetzlich verloren wirkte. Er sagte: ‚Wissen Sie was, Erin, ich mag Sie.‘

Ich sah ihn verblüfft an und fragte mich, woher ich diesen Mann kennen könnte. Da beugte er sich zu mir und flüsterte: ‚Ich habe das Gefühl, dass ich mit Ihnen über alles reden kann.‘

‚Und woran hatten Sie da gedacht?‘, fragte ich.

‚Na ja, ich frage mich, ob es Sie möglicherweise interessieren könnte, dass ich bei PG&E Dokumente vernichtet habe.‘

Heiliger Strohsack! dachte ich, ich muss auf der Stelle Ed anrufen! Ich sagte Chuck, ich müsste dringend einmal verschwinden, und bat ihn, auf mich zu warten. Ich rannte nach draußen und versuchte, Ed zu erreichen. Als ich endlich zu ihm durchkam, erzählte ich ihm, was ich gerade gehört hatte, und er meinte, ich sollte Chucks Aussage an Ort und Stelle aufnehmen. Natürlich hatte ich keinen Schimmer, was er damit meinte.“

An dieser Stelle meiner Erzählung lächelte Steven und meinte: „Na also! Es gibt doch nichts Überzeugenderes als die Wahrheit. *So* muss diese Szene sein, und so werden wir sie auch drehen.“

Was für ein toller Regisseur! Von dem Moment an wusste ich, dass ich mir um den Film keine Sorgen mehr machen müsste. Es sollte nie wieder die Rede davon sein, dass ich mit Ed Masry oder irgendeiner anderen der Filmpersonen ein Verhältnis hätte. Stattdessen konzentrierte sich der Film ganz und gar auf das, was wirklich geschehen war. Nach und nach wurden alle „erdichteten" Teile zu Gunsten der eigentlichen Geschichte gestrichen.

In gewisser Weise haben Steven, Jersey Films und Universal mir bewiesen, woran ich mein Leben lang geglaubt hatte: Es gibt nichts Besseres als die Wahrheit!

Endlich!

Bis zum endgültigen Filmstart verging eine halbe Ewigkeit. Es war wie eine Flutwelle, die so weit draußen auf dem Ozean beginnt, dass man meint, sie würde niemals den Strand erreichen. Ich erzählte kaum jemandem von dem Film, weil ich fürchtete, meine Familie und meine Freunde würden mich für vollkommen wahnsinnig halten. Also konzentrierte ich mich darauf, den Hinkley-Fall abzuschließen und einen neuen Fall aufzunehmen – Kettleman gegen PG&E, eine weitere Trinkwasserverseuchung mit hexavalentem Chrom. Nach Hinkley hatte PG&E, wahrscheinlich aus Furcht vor einer Klageflut, Konkurs erklärt. Doch ob man's glaubt oder nicht, sie waren alles andere als pleite. Sie hatten lediglich ihr Firmenkapital an eines der Mutterunternehmen transferiert. Demzufolge mussten wir zu Beginn des Kettleman-Falls eine Menge Zeit darauf verwenden, dem Geld hinterherzuforschen. Wir vertreten tausend Kläger, zweimal so viel wie in Hinkley, und wir werden genau so entschlossen für sie kämpfen wie für die Menschen in Hinkley. PG&E ist und bleibt PG&E, und sie werden für das bezahlen müssen, was sie getan haben. Die Fakten sind in diesem Fall ebenso unantastbar wie in Hinkley, und ich bin hundertprozentig sicher, dass wir den Leuten innerhalb der nächsten zwei Jahre die Gerechtigkeit verschafft haben werden, die ihnen zusteht.

Was den Film angeht, hatte ich ein unglaubliches Glück, inmitten des „dunklen und gefährlichen Dschungels" von Hollywood ausgerechnet an Jersey Films geraten zu sein. Diese Firma steht für alles, was mir wichtig ist. Sie haben meine Geschichte mit Anstand, Respekt und Ehrlichkeit behandelt und sie genau so erzählt, wie sie erzählt werden sollte. So wie Ed Masry und Jim Vititoe mein Bild unseres Rechtssystems veränderten, veränderten Carla, Michael, Danny und Stacey Sher (von Jersey Films) mein Bild von Hollywood. Sie haben sich nicht gescheut, die Schattenseiten des glorreichen Wirtschaftsriesen Amerika zu zeigen, und es gefiel ihnen, die Geschichte einer Frau – *noch dazu einer allein erziehenden Mutter* – zu erzählen, die es gemeinsam mit den Menschen von Hinkley mit diesem Riesen aufnahm. Indem sie uns allen unsere Würde ließen, haben sie ganz Hollywood bewiesen, dass es funktioniert: Man zeigt dem Publikum „echte" Menschen, und es kann sich zurücklehnen und endlich sagen: „Hey, das da auf der Leinwand könnte ich sein. *Das könnte meine Geschichte sein!* Mir geht's wie dieser allein erziehenden Mutter" oder „Mir geht's wie dieser zweifach geschiedenen Frau", „Ich mag mich auch gern ein bisschen gewagter anziehen", „Ich lebe ebenfalls auf verseuchtem Grund". Dieser Film schafft eine Verbindung zum Zuschauer, weil er *wirkliches Leben* zeigt. Wir alle haben doch schon genug Phantasiewelten in Zelluloid vorgeführt bekommen, die rein gar nichts mit dem zu tun haben, was wir Tag für Tag erleben. Ich für meinen Teil liebe Filme, und ganz besonders mag ich Filme wie *Insider*, die vom richtigen Leben handeln.

Warum können wir nicht unsere eigenen Helden sein? Warum schreiben wir nicht selbst das Ende zu dem Film, in dem wir die Hauptrolle spielen, dessen Drehbuch unsere Geschichte beschreibt? Lassen wir sie einfach auf unserem Planeten spielen, mit den Menschen, die uns wichtig sind. Und behandeln wir diese Menschen so, wie wir von ihnen behandelt werden wollen. Was bringt es denn, nachts wachzuliegen und der Märchenrolle eines Filmstars hinterherzuträumen, den morgen alle wieder vergessen haben werden? Ich halte nichts davon, Leute zu Idolen zu erheben, die es gar nicht gibt. Da idealisiere ich lieber die wirklichen Menschen dieser Welt, die unbesungenen Helden, die gegen die Übel unseres viel gepriesenen Systems kämpfen. Und ich idealisiere auch jene, die gar keine andere Wahl haben, als in einer Welt zu leben, die von anderen zu deren Vorteil ausgebeutet wird.

Könnte das nicht ein toller Film werden? Vielleicht würde es ja so einer, wie ihn Steven Soderbergh & Co. gemacht haben.

> **Lassen Sie uns unsere eigenen Helden sein!**

9.

Man kann sich selbst helfen!

Ich hätte mir in meinen kühnsten Träumen nicht ausgemalt, dass ich eines Tages Reden vor Tausenden von Menschen halten würde, die nur kämen, um mir zuzuhören. Anfangs fürchtete ich, es könnte auf eine Endlosspule von „Geht es uns nicht allen schlecht?"-Veranstaltungen hinauslaufen; aber das lag wahrscheinlich daran, dass mir meine alte Unsicherheit wieder einmal Streiche spielte. Ich tat mich einfach schwer damit, meine eigenen Gedanken für mitteilenswert zu halten. Doch es sollte sich herausstellen, dass es wunderbar war, hinauszugehen und unzählige Männer und Frauen kennen zu lernen, die genauso dachten wie ich, die ebenfalls nach Wegen suchten, all die Energien und Möglichkeiten in ihrem Leben auszuschöpfen, die in ihnen steckten. Sollte es mir gelingen, mein Leben zu einem Beispiel für all diese Menschen zu machen, ihnen zu zeigen, wie sie zu sich selbst und damit auf ihren Weg finden können, wird es für mich jede Mühe wert gewesen sein. Mir macht es nämlich Freude, wenn ich jemandem helfen kann, sich selbst zu verstehen und sein Leben in bestmöglicher Weise zu leben. Das ist für mich ein sehr, sehr gutes Gefühl.

Darüber hinaus habe ich all die positiven Aspekte meiner Vortragsreisen in vollen Zügen genossen. Ich habe Städte gesehen, in die ich sonst niemals gekommen wäre, ich wurde hervorragend bezahlt, und überall wo ich hinkam, kannten mich die Leute.

Kürzlich war ich an einem Flughafen und beschloss, vor dem Flug einen Happen zu essen. Ich war seit dem Morgengrauen unterwegs gewesen und kurz vorm Verhungern! Da das Restaurant hoffnungslos überfüllt war, stellte ich mich mit meinem Essen in der Hand neben die Abfalleimer, was mir nichts weiter ausmachte. Während ich aß, bemerkte ich einen Mann auf der anderen Seite des Eimers, der mich anstarrte. Er sagte leise und verschwörerisch: „Ich weiß, wer Sie sind."

„Tun Sie das?", antwortete ich lächelnd. „Wer bin ich denn?"

„Sie sind", begann er und senkte Stimme noch weiter, als wollte er vermeiden, dass unser kleines Geheimnis ans Licht käme. „Sie sind Erin Brockovich!"

Ich entgegnete ebenso leise: „Stimmt, und ich werde es nicht verraten, wenn Sie es nicht tun!"

Ich habe auch schon Leute erlebt, die beim Blick auf meine Kreditkarte ausriefen: „Mein Gott, das ist … das ist *sie*!"

Noch besser (oder schlimmer?) ist: „Hey, Sie heißen ja genauso wie dieser Film!"

Und jetzt?

Seit langer, langer Zeit fühle ich mich erstmals rundum wohl. Selbst alles, was auf den Vergleich im Hinkley-Fall und den Film folgte –, der Erpressungsversuch, die Hausprobleme und alles andere – konnte nicht jenes Gefühl in mir trüben, dass ich ein besserer Mensch bin als vorher. Ich habe meinen Weg gefunden, die Wahrheit als meine treibende Kraft zu erkennen und mich von ihr durch gute und schlechte Phasen leiten zu lassen.

Seit ich mit mir selbst im Einklang bin, schleppe ich mich nicht mehr mit der Last von Scham und Schuldgefühlen für Dinge ab, die hinter mir liegen. Beispielsweise hatte ich mir immer vorgeworfen, dass ich zweimal geschieden bin und Matt, Katie und Beth den Vater vorenthalten habe. Dabei sollte ich mich besser darauf konzentrieren, diesen Mangel in ihrem Leben bestmöglich wettzumachen. Die „alte" Erin fühlte sich elend, weil sie in einem fort grübelte, was sie verkehrt gemacht hat. Die „neue" Erin wehrt sich gegen Vorwürfe, weil sie weiß, dass nicht sie allein Fehler begangen hat. Ich kann meinen Schuldgefühlen den Rücken kehren und mich ganz der Zukunft zuwenden, von der ich weiß, dass sie gut sein wird. Neuerdings hat Katie beschlossen, ihren Vater besser kennen lernen zu wollen. Ich habe nichts dagegen.

Mit der wichtigste Grund dafür, dass ich meiner Vergangenheit endgültig entfliehen konnte, war meine Begegnung mit dem Mann, der mein dritter Ehemann werden sollte.

Er heißt Eric, und er trat zu einem Zeitpunkt in mein Leben, als ich mich schwer damit tat, eigene Grenzen zu setzen. Da er das ist, was man gemeinhin einen „Außenseiter" nennt, war er wie geschaffen dafür, mir zu helfen, mich in meiner neuen Realität einzurichten. Ich bin ein sehr dickköpfiger Mensch und kann normalerweise nicht besonders gut damit umgehen, wenn mir jemand sagt, was ich tun soll – schon gar nicht, wenn es dabei um Liebe und Romantik geht. Mich zu gängeln oder mich zu beschützen – das sind zwei verschiedene Paar Schuh.

Entweder wusste Eric nicht, wie stur ich sein konnte, oder es schreckte ihn nicht. Jedenfalls erklärte er mir gleich als Erstes zu Beginn unserer Beziehung, dass die Probleme, die ich während meiner ersten beiden Ehen

gehabt hatte, für immer erledigt wären. „Von jetzt an",
sagte er, „meistern wir die Zukunft gemeinsam." Ich war
verzückt, das zu hören, hatte ich doch lange genug alles
und jedes allein bewältigen müssen. Und Eric gab mir
das Gefühl, endlich für mich in Anspruch nehmen zu
dürfen, was ich so lang entbehrt hatte: frei und glücklich
zu sein. Ich war bereit, die volle Verantwortung für alles
zu übernehmen, was ich getan, aber auch stolz auf das zu
sein, was ich erreicht hatte. Ich war Ende dreißig und
wild entschlossen, diese Beziehung besser zu meistern als
meine ersten beiden.

Es gab eine Menge Dinge, für die ich dankbar sein
konnte. Ich war dankbar für meine drei Kinder, aber
auch für die Erfahrungen, die ich mit meinen beiden
Ehemännern gemacht hatte. Ganz gleich, wie hart es gewesen war, ich hatte es geschafft, irgendwie durchzuhalten und mir meine Selbstachtung zu bewahren. Ich bin
stolz darauf, niemals Sozialhilfe in Anspruch genommen
zu haben, selbst dann nicht, wenn es uns richtig misera-
bel ging. Irgendwie war es mir immer gelungen, auf eigenen Beinen zu stehen. Und mein ausgeprägter Sinn für
Recht und Unrecht hat mich nie so weit sinken lassen, auf
„halblegale" Methoden des Geldverdienens zu verfallen.
Ein Problem allerdings blieb mir – was ich selbst
zunächst gar nicht erkannte, sondern erst sah, nachdem
Eric mich mit der Nase drauf gestoßen hatte: und zwar
einzusehen, dass ich mich in eine gänzlich neue Richtung
weiterentwickelt hatte, weshalb es keinen Grund gab,
mich länger mit den Menschen meiner Vergangenheit
herumzuplagen, es sei denn, es betraf die Kinder. Leider
gibt es gewisse Kandidaten, die ständig wiederkommen,
wenn sie irgendwo einen guten Braten riechen.

Erst als die Kinder etwas größer waren und der Film in die Kinos kam, merkte ich, wie sehr mich einige der Dinge aus meiner Vergangenheit inzwischen anödeten. Außerdem machte Eric mir ziemlich schnell klar, dass unsere Zukunft keine Chance hätte, so lange ich die Vergangenheit nicht begraben wollte.

Diese Warnung rüttelte mich endgültig wach, und meine Entscheidung fiel mir überaus leicht. Als die Geister von gestern mal wieder an meine Tür klopften, übernahm Eric es, ihnen zu sagen, dass sie hier nicht mehr gern gesehen wären.

Auch dem Motorradfahrer sagte er es. Ich war nicht mit Jorge verheiratet gewesen, eigentlich auch nie richtig liiert, und er war bezahlt worden für alles, was er für mich getan hatte. Selbst Beth, die mich einst dazu bewegt hatte, ihn wieder in unser Haus aufzunehmen, hatte mittlerweile genug von diesem ständigen Hin und Her und wollte nur noch, dass es aufhört. Das Leben meiner Familie hatte sich verändert. Eine Weile später rief mich einer meiner Ex-Männer an und sagte: „Erin, dieser Film ist dir zu Kopf gestiegen. Du hast dich vollkommen verändert."

Ich fand diese Feststellung beinahe amüsant. „Ich habe mich überhaupt nicht verändert", antwortete ich. „Ich war vor dem Film derselbe Mensch, der ich heute bin und schon in der Highschool war. Wenn sich jemand verändert hat, dann du. Dir gefällt nicht, was mir passiert ist, und das macht dich wütend – noch wütender als früher."

Außerdem stellte ich klar, dass ich verliebt war und fortan nur noch in eine Richtung blicken wollte – nach vorn.

*   *   *

Ich wünschte, ich hätte Eric Jahre zuvor kennen gelernt und ihn geheiratet, anstelle meiner ersten beiden Männer. Wir begegneten uns 1994 zum ersten Mal. Schon damals hätte ich nichts dagegen gehabt, mit ihm auszugehen, doch ich lebte zu dieser Zeit mit Jorge zusammen und verbrachte jede wache Minute mit dem Hinkley-Fall. Ich hatte kaum genug Zeit, zwischendurch zur Toilette zu gehen, wie wollte ich mich da auf einen neuen Mann einlassen?

Jahre vergingen, der Fall wurde abgeschlossen, der Film nahm konkrete Formen an. Dann meldete sich Eric eines Tages im August 1998 wieder bei mir. Und diesmal nahm ich mir sehr viel mehr Zeit für ihn! Er hatte mir durch einen gemeinsamen Freund ausrichten lassen, dass er mich gern zum Essen ausführen würde. Ich sagte zu, und, na ja, seit jenem Tag sind wir unzertrennlich.

Erics Vorstellung von der Ehe entspricht alldem, was ich mir davon immer erhofft und erträumt hatte. Wir halten uns bei den Händen, wir lachen gemeinsam, wir reden viel, umarmen uns und teilen einfach alles. Mein ganzes Leben lang habe ich Geschichten von „wahrer Liebe" gehört, und ich habe jedes Mal am lautesten gelacht, wenn das Thema aufkam. Nun, da es mich erstmals voll erwischt hatte, begriff ich endlich, was gemeint war.

Obwohl ich bereits zweimal kläglichst gescheitert war, zweifelte ich nie daran, dass Ehen funktionieren könnten. Heute weiß ich, dass eine funktionierende Ehe auf gegenseitigem Respekt, auf Ehrlichkeit und auf Freundschaft gründet. Und eines kann ich mit Sicherheit sagen: Es ist absolut wichtig, dass man einander mag. Ich hatte einmal einen Freund, der behauptete, mich wie verrückt zu lieben, während er mich nicht sonderlich gut leiden konnte. Ich brauche wohl kaum zu erwähnen, dass diese

Beziehung von kurzer Dauer war. Natürlich stand ich meinen ersten beiden Ehemänner in gewisser Weise nahe, doch rückblickend muss ich zugeben, dass ich beide nicht aus Liebe geheiratet hatte. Es war vielmehr meine Angst vor dem Alleinsein gewesen oder die Sorge darum, was meine Freunde, Eltern und alle anderen von mir denken würden, wenn ich „keinen abbekam", die mich zu diesen Entscheidungen bewegten. Vielleicht war ich ja zu jung, um es besser zu wissen, oder zu alt und zu desillusioniert, um auf bessere Möglichkeiten zu hoffen. Und dann war da meine Beziehung zu Jorge, die ich eigentlich nur deshalb einging, weil er *da* war (und ich meistens nicht).

> **Eines kann ich mit Sicherheit sagen: Es ist absolut wichtig, dass man einander mag.**

Diesmal ist es etwas vollkommen anderes. Ich *mag* Eric, und das ist es, was unsere Beziehung glücklich macht.

Zusammenzuleben bedeutet, täglich Kompromisse zu finden. Unverzichtbar sind die gegenseitige Rücksichtnahme auf die Gefühle des anderen (das ist enorm wichtig), das Teilen – nicht nur von materiellen Dingen, sondern auch das Teilhaben an den Gefühlen des Partners – und die Fähigkeit, die Balance zwischen Beharren und Loslassen halten zu können. All das steht und fällt damit, dass man einander *mag*. Meine Eltern sind seit fünfundfünfzig Jahren verheiratet und für mich der beste Beweis für die Richtigkeit dessen, was ich hier schreibe.

Natürlich will ich nicht behaupten, dass Eric und ich vierundzwanzig Stunden pro Tag glücklich miteinander sind. Eine wirklich funktionierende Beziehung erkennt man schließlich nicht daran, dass sie gut läuft, wenn sowieso gerade alles in Butter ist. Erst wenn die ersten Stürme einfallen, sieht man, wie stabil das Ganze in Wahrheit ist. Wenn Eric und ich uns streiten, möchte ich, dass Eric bleibt, während er lieber geht. Ich habe während meiner ersten beiden Ehen die leidvolle Erfahrung gemacht, dass man bei einem Streit bleibt und ihn bis zum bitteren Ende ausficht. Eric hingegen zieht es vor, Abstand zu gewinnen, damit sich die Wogen ein wenig glätten können. Wir haben einen echten Durchbruch erzielt, indem ich lernte, mich aus Konfrontationen zurückzuziehen, und Eric sein Verhalten meinen Bedürfnissen anpasste, um meine Verlassensängste nicht unnötig zu schüren. Mir fiel es allmählich immer leichter, seinen Wunsch nach Alleinsein zu respektieren, und Eric nahm mit jedem Mal mehr Rücksicht auf meinen Wunsch danach, Dinge zu Ende zu diskutieren. Ich kann gar nicht genug betonen, wie wichtig dieser beidseitige Lernprozess für unsere Ehe war – sowohl für unsere Liebesbeziehung als auch für unsere *Freundschaft*.

Zum ersten Mal in meinem Leben verläuft das Muster meiner Ehe gänzlich anders. Bei den vorigen zwei Malen war ich, vom emotionalen Standpunkt aus gesehen, ein großes Kind, und entsprechend benahm ich mich auch. In meiner jetzigen Ehe sehe ich mich als eine erwachsene Frau, die mit einem erwachsenen Mann verheiratet ist. Wir beide bemühen uns darum, unsere Probleme wie Erwachsene anzugehen.

Im Nachhinein erkenne ich, dass einer meiner Fehler in der Vergangenheit die Angst war, etwas allein durchstehen zu können. Ich glaubte, ich bräuchte einen Mann, der mich unterstützt, mich tröstet und mich beschützt. Ich verlangte alles Mögliche, nur nicht, dass er mich liebte. Heute weiß ich, dass man alles im Leben allein bewältigen kann, wenn es sein muss, und dass es gar nicht so schlimm ist, wie ich vorher immer glaubte. Wir können sämtliche Hindernisse allein bezwingen – Prozesse, Probleme, Geldsorgen und Lernschwierigkeiten – *wenn wir müssen.* Nicht umsonst existiert diese uralte Redewendung: Jeder wird allein geboren, und jeder stirbt für sich allein. Ich jedenfalls glaube, jeder von uns muss dann und wann sein Leben ganz auf sich gestellt meistern. So ist es nun einmal. *Pech!*

> **Einer meiner Fehler in der Vergangenheit bestand darin, mir nicht zuzutrauen, etwas allein durchzustehen. Ich glaubte, ich bräuchte einen Mann, der mich unterstützt, mich tröstet und mich beschützt.**

Doch wenn man diese Hürde überwunden hat, ist man reif für eine Beziehung, wie ich sie meine. Ich bin gewachsen, weil ich bereit war, aus meinen Fehlern zu lernen. Deshalb kann ich heute als Erwachsene in einer Ehe mit einem Erwachsenen bestehen. Ich genieße das wunderbare Gefühl, dass jemand da ist, wenn es mir bescheiden geht, dass ich eine Schulter zum Anlehnen habe und mir jemand sagt, alles wird wieder gut. Wirklich zu lieben und geliebt zu werden, ist ein ganz besonderes Privileg, in dessen Genuss man allerdings erst dann kommt, wenn man gelernt hat, sich selbst zu lieben. Erst nachdem wir den Halt in uns gefunden haben, können wir anderen, die wir lieben, die Freiheit einräumen, uns auf unserem Weg zu begleiten.

Für meine Ehe mit Eric ist unser *Ehebund* etwas sehr Wertvolles. Die Einzigartigkeit einer Verbindung zweier Individuen, die niemand durchbrechen kann, ist für mich endlich Realität geworden. Etwas Derartiges habe ich mit keinem anderen Mann je erlebt. Aber mit Eric ist das alles endlich wahr! Und dabei muss man bedenken, dass ich in einer Beziehung bestimmte Dinge als selbstverständlich voraussetze. An erster Stelle wäre da Loyalität: Wenn sie nicht gewährleistet ist, wenn ich also damit rechnen muss, betrogen zu werden (oder selbst zu betrügen), dann zerbricht das „heilige Band". Ich habe niemals gegen das Gebot der Treue verstoßen, und ich weiß, dass ich es nie tun werde. Dabei bin ich mir bis heute sicher, dass die meisten Menschen, die es tun, weder wissen, was sie besitzen, noch, was sie verlieren, bis es zu spät und alles zerstört ist.

Wirklich zu lieben und geliebt zu werden, ist ein ganz besonderes Privileg, in dessen Genuss man allerdings erst dann kommt, wenn man gelernt hat, sich selbst zu lieben.

Ich scheue mich nicht, aus meinen Fehlern zu lernen, meine falschen Entscheidungen noch einmal unter die Lupe zu nehmen. Ich will wissen, welche Wirkung sie auf mein Leben und das der anderen Menschen um mich herum hatten. Mir ist es wichtig, weil ich sicherstellen möchte, dass ich dieselben Dummheiten nicht wieder und wieder begehe. Wahrscheinlich ist das der Grund, weshalb ich nicht davor zurückschrecke, mein eigenes bisheriges Leben mit kritischer Distanz zu betrachten. Für mich ist es der beste Weg herauszufinden, was ich bislang gelernt habe. Und ich empfinde es als ein großes Geschenk, auf diesen Seiten endlich offen sagen zu können, was ich bereue, was ich tat, das wider all meine moralischen Grundsätze ging. An vorderster Stelle steht meine Abtreibung. Wie ich bereits erwähnte, bin ich nicht perfekt. Ich habe Fehler gemacht, und ich habe für diese Fehler hier und da einen sehr hohen Preis bezahlt. Aber ich habe zumindest versucht, aus meinen Fehlern zu lernen, um mir selbst zu helfen, in Zukunft die weisere Wahl zu treffen statt den alten Irrtümern immer wieder aufs Neue zu erliegen.

Darum glaube ich, nach allem was geschehen ist, ehrlich sagen zu können, dass ich niemandem in meinem Leben etwas Böses wollte und will. Doch ebenso wie ich mit meinen – oft alles andere als weisen – Entscheidungen und all meinen Fehlern leben muss, so müssen auch sie alle lernen, die Konsequenzen dessen zu tragen, was sie in und mit ihrem Leben getan haben.

Unsere Grundlagen

In unserer Ehe steht gegenseitiger *Respekt* an vorderster Stelle. Ich erlebe das zum ersten Mal. Wenn mir früher etwas Positives widerfuhr, haben es alle sofort unter „Dusel" verbucht. Für gewöhnlich fielen dann Sätze wie „du bist eben unter einem günstigen Stern geboren", oder man unterstellte mir gar, ich hätte „ein bisschen Sex" eingesetzt, um mich in eine bessere Position zu manövrieren. Fast nie kam irgendjemand auf die Idee, ich könnte auf anständige Art und aus eigener Kraft mein Schicksal beeinflussen.

Eric und ich profitieren von unserem gegenseitigen Respekt. Schließlich hatten wir beide anfangs reichlich Angst davor, den Sprung ins kalte Wasser zu wagen. Ich war schon zweimal gescheitert, Eric ist vier Jahre jünger als ich, und meine Karriere hat gerade einen Höhepunkt erreicht. All das trug dazu bei, dass wir manchmal wie gelähmt waren von unseren Bedenken, jede noch so unwichtige Gegensätzlichkeit auf die Goldwaage legten und zögerlich waren, statt zu handeln. Es war, als ob man in einem Zug auf dem Bahnhof sitzt, wo man bisweilen optischen Täuschungen erliegt: Einmal glaubt man, der eigene Zug fährt, während er in Wahrheit hält und der daneben rollt, dann wiederum glaubt man, der Zug hält, und dabei fährt er; wieder ein anderes Mal denkt man, die Fahrt geht voran, und in Wirklichkeit handelt es sich nur um ein Rangiermanöver. Deshalb haben Eric und ich uns zu Beginn unserer Beziehung darauf geeinigt, notfalls auch von einem fahrenden Zug abzuspringen, wenn es sein müsste. Egal ob wir uns die Knie aufschlagen, unsere Egos zerkratzen oder auf der Nase landen: Wenn es nötig sein sollte, wollten wir uns bei den Händen halten, tief Luft holen und den Absprung in unsere Zukunft gemeinsam wagen.

Natürlich bringt der Alltag die üblichen kleinen Zwistigkeiten, und ich komme hin und wieder an den Punkt, da ich mich frage: „Brauche ich das hier wirklich, mit diesem Mann?" oder „Wie konnte ich mich nur darauf einlassen?" Aber Eric hilft mir jedes Mal, diese Augenblicke zu überstehen. Er lässt sich durch nichts so leicht erschüttern, und seine Schultern sind breit genug für uns beide.

Allerdings sollte ich wohl gestehen, dass unsere Ehe nicht durchweg unbeschwert und heiter ist. Die ersten beiden Jahre waren alles andere als einfach, was sicherlich daran liegt, dass wir beide alte – und teils schlechte – Gewohnheiten mitbrachten, von denen wir uns nicht ohne weiteres trennen konnten. Wir waren längst nicht immer einer Meinung, und es kam häufiger vor, dass Eric frustriert das Haus verließ und in der Gegend herumfuhr. In solchen Momenten beschlichen mich meine alten Ängste, und ich war zutiefst verunsichert. *Ich bin vierzig Jahre alt, habe drei Kinder und bin zweimal geschieden; wer will mich denn schon?* In diesem Stil nagte und bohrte es in mir, bis ich es schließlich schaffte, die bessere Hälfte in mir Oberhand gewinnen zu lassen. Dann dachte ich: *Also gut, Eric, wenn du es fertig bringst, mich allein zu lassen, dann pass gut auf, dass dir die Tür, die du hinter dir zuschlägst, nicht mit voller Wucht in den Rücken knallt. Ich muss es allein schaffen können? Na und! Ich werde es überleben, und ich werde es hinkriegen. Ich mag mich und glaube an mich, mit all meinen Fehlern. Und für jeden Menschen, der geht, kommt ein anderer.*

Uns allen fällt es schwer einzusehen – und ich bilde da keine Ausnahme –, dass wir die Menschen, die sich anschicken, mit unserem Verstand oder unserem Herzen Achterbahn zu fahren, dazu bringen können, uns in einem neuen Licht zu betrachten – und das nur mit unserer eigenen Kraft, die auf dieser Denkweise beruht. Was kann denn schlimmstenfalls passieren? Man streitet sich vielleicht weiter. Na und? Davon geht die Welt noch lange nicht unter. Viel wahrscheinlicher ist, dass man gemeinsam eine bessere Basis für die Beziehung entdeckt.

*   *   *

Eric zog im September 1998 bei mir ein, und meine sämtlichen Freunde und Bekannten waren natürlich sehr besorgt. Einschließlich Ed. Obwohl er heute einsieht, dass es für mich keinen besseren Mann geben kann, ängstigte ihn damals die Geschwindigkeit, mit der unsere Beziehung ernst zu nehmende Formen annahm. Außerdem bastelte Eric an einer Schauspielerkarriere und arbeitete nachts als Country&Western-DJ, was nicht gerade günstige Arbeitszeiten waren, wenn er nebenbei einer äußerst anspruchsvollen Partnerin (mir) gerecht werden und am Familienleben teilhaben wollte.

Aber ich liebte ihn nun einmal, und daran konnte nichts und niemand etwas ändern. Als mein Dad Eric kennen lernte, mochte er ihn auf Anhieb! Das war eine absolute Premiere. Auch die Kinder akzeptierten ihn, und Beth ganz besonders: Sie war von Anfang an ganz verrückt nach ihm!

Noch bevor er zu mir zog, erbrachte Eric einen endgültigen Beweis dafür, dass er wirklich für mich da sein wollte. Ich musste Matt zur Sorenson's Ranch Boarding School in Koosharen, Utah, bringen, wo er an einem Entzugsprogramm teilnehmen sollte. Für mich war es eine der schrecklichsten Aufgaben, die ich jemals zu bewältigen gehabt hatte. Ich hatte vorher alles probiert, um ihm und mir diesen Schritt zu ersparen. Eine Zeit lang hatte ich ihn sogar bei seinem Vater wohnen lassen. Doch nichts hatte geholfen, und ich fürchtete, ich selbst könnte ihn nicht davon abhalten, endgültig auf der schiefen Bahn zu landen. Da ich mittlerweile meinen Bonus bekommen hatte, beschloss ich, ihm das bestmögliche Rehabilitationsprogramm zukommen zu lassen und ihn anschließend in ein Internat zu geben. Erstaunlicherweise meinten eine Menge Leute, die es eigentlich hätten besser wissen sollen, ich wollte ihn um jeden Preis loswerden, damit Eric und ich mit meinem neu gewonnenen Reichtum ordentlich auf den Putz hauen könnten. Zu ihrer aller Information: Ohne die 2,5 Millionen Dollar wäre ich möglicherweise nicht im Stande gewesen, meine Kinder zu retten. Ich bin weder eine Psychiaterin noch eine Drogenberaterin. Deshalb kam ich irgendwann zu dem Schluss, dass Matts und Katies Probleme zu ernst waren, als dass ich sie ohne Hilfe hätte lösen können. Ich hatte alles versucht, hatte sie angefleht, auf sie eingeredet und ihnen gedroht. Nichts half. Also blieb mir nichts anderes übrig, als ihnen die beste verfügbare, professionelle Hilfe zu besorgen. Ihre Kinderärzte hatten mir gesagt, so lange ich sie nicht auf Distanz zu ihrer gegenwärtigen Umgebung brächte, hätten sie nicht einmal den Hauch einer Chance.

An dem Abend, bevor ich Matt nach Utah bringen sollte, lagen meine Nerven blank. Eric telefonierte drei geschlagene Stunden mit mir, um mich aufzubauen! Matts Gesicht, als wir uns am nächsten Tag in Utah voneinander verabschiedeten, werde ich niemals vergessen. Der Drogenberater hatte mich extra gewarnt, ich solle mich nicht noch einmal umdrehen, wenn ich meinen Sohn am Tor abgeliefert hatte, aber ich konnte einfach nicht anders. Sobald unsere Blicke sich trafen, begannen wir beide bitterlichst zu weinen.

> **So lange ich meine Kinder nicht auf Distanz zu ihrer gegenwärtigen Umgebung brächte, hätten sie – laut den Ärzten – nicht einmal den Hauch einer Chance.**

Beinahe ein ganzes Jahr sah ich meinen Sohn nicht. Danach war er ein vollkommen anderer Mensch. Er war enorm gewachsen, und in seinem wunderschönen Gesicht spiegelte sich Reife. Eine seiner ersten Bemerkungen nach seiner Rückkehr war, dass er sich in vielerlei Hinsicht verändert hätte und sich erwachsener fühle. Es tat mir unglaublich gut, Matt als einen glücklichen, gesunden jungen Mann heimkehren zu sehen, der sich von all den destruktiven Exzessen seiner frühen Jugendjahre befreit hatte. Ich erinnere mich noch, wie ich damals unweigerlich dachte, dass wenigstens ein Teil des Geldes, das PG&E für die Zerstörung so vieler Leben gezahlt hatte, dazu beigetragen hatte, dieses eine Leben zu retten. Und das war ein wirklich gutes Gefühl.

Nach dieser Erfahrung fiel es mir deutlich leichter, zu anderen Leuten Nein zu sagen, wenn es nötig war. Außerdem übernahm Eric viele der schwierigen Aufgaben für mich, so wie es mein Vater auch getan hätte. Überhaupt hat er mit meinem Dad vieles gemein. Das ist wohl auch der Grund, weshalb er zu jenen drei Männern in meinem Leben zählt, deren Meinung mir wirklich wichtig ist – gleich nach meinem Vater und Ed Masry.

Sollte übrigens jemand auf den Gedanken gekommen sein, Ed Masry könnte sich durch Eric von seinem angestammten Platz verdrängt gefühlt haben, so kann ich jedermann versichern, dass Ed diesen „Machtwechsel" in vollen Zügen genoss. Als Eric und ich im März 1999 auf Hawaii heirateten, war Ed mein Brautführer. „Hier, mein Junge", sagte er zu Eric und strahlte von einem Ohr zum anderen. „Sie gehört dir. *Viel Glück!*"

Ich habe immer nach einem Mann gesucht, der mich nicht nur versteht, sondern auch an mich glaubt. In Eric habe ich diesen Mann gefunden. Mit seiner Hilfe beginne ich zu entdecken, was es bedeutet, in einer echten Partnerschaft zu leben, ohne Selbstaufgabe oder das Gefühl, nur durch den anderen zu existieren. Bei ihm kann ich sein, wie ich bin, und alle Empfindungen mit ihm teilen.

10.

Das Leben ist ein immerwährender Kampf, aber man kann ihn gewinnen!

Wenn mich jemand fragt, womit ich mir meinen Lebensunterhalt verdiene, antworte ich gern – mit einem Lächeln –: „Ich lebe." Gegenwärtig dreht sich bei meiner Arbeit nämlich alles darum, was ich zu tun versuche und wie ich es am besten nach außen vermitteln kann. Ich kenne mich mit den wenigsten Sachen richtig gut aus, und ich bin nach wie vor keine Anwältin. *Ich bin einfach Erin Brockovich, und ich habe mich bemüht, mein Leben und das einiger anderer Menschen ein bisschen besser zu machen.* Es hat mir großen Spaß gemacht, meine Geschichte und meine Gedanken mit meinen Lesern und Zuhörern zu teilen. Und ich hoffe, ich konnte sie alle davon überzeugen: Wenn ich es schaffen kann, in unserer Welt etwas zu bewegen, können sie alle es ebenso gut! Natürlich ist nicht alles, was andere ausrichten oder was ich schaffe, ähnlich druck- und filmreif wie der Hinkley-Fall, und es lässt sich auch längst nicht mit allem so viel Geld verdienen. Aber wenn es uns gelingt, ehrlich zu uns selbst zu sein und zu unseren moralischen Grundsätzen zu stehen, winkt uns am Ende ein Verdienst, der mehr wiegt als alles Geld der Welt. Dann werden wir erkannt haben, dass kein Hindernis unüberwindbar ist, keine Herausforderung zu groß, keine Angst unbesiegbar – ganz gleich, wie hoffnungslos es uns anfangs erschienen sein mag. Mein Leben ist der Beweis dafür, dass man sich kopfüber in ein Meer von Widrigkeiten stürzen kann, ohne zu ertrinken.

Man muss nur entschlossen gegen den Strom schwimmen, dann ist man im Stande, ein paar andere zu retten, deren Leben in gefährliche Strudel geraten ist.

Im vergangenen Frühjahr ist mir etwas Großartiges passiert. Die erste offiziell anerkannte Internet-Universität, Jones International, verlieh mir einen Ehren-Magistertitel für „Arts and Business Communication". Diese Universität bietet Menschen, die voll berufstätig sind, die Möglichkeit, einen Universitätsabschluss zu erwerben, wobei sie die Dauer und Intensität

> **Wenn mich jemand fragt, womit ich mir meinen Lebensunterhalt verdiene, antworte ich gern – mit einem Lächeln: „Ich lebe."**

ihres Studiums nach Bedarf variieren können. Von einem solchen Institut einen Ehrentitel zu bekommen, ist für eine Legasthenikerin ohne richtigen Highschool-Abschluss doch gar nicht mal so übel, oder? Das ist es, was *Beharrlichkeit* einbringen kann!

*   *   *

Für mich hat das Wort „Blitzerfolg" heute eine vollkommen andere Bedeutung als früher. Immerhin durfte ich am eigenen Leibe erfahren, wie groß die Gefahr ist, in dem Medienrummel, den Blitzlichtgewittern und all der überbordenden Aufmerksamkeit die Orientierung zu verlieren. Viele büßen dabei jeglichen Sinn dafür ein, wer sie sind, wenn all die Lichter ausgehen, und bei all den Aufputschmitteln, die ihren Egos plötzlich verpasst werden, droht ein böses Erwachen. Am Ende fühlen sie sich dann nur noch wie eine andere Form von „Versager". Davor kann man sich schützen. Wenn einem etwas Unglaubliches widerfährt und das bisherige Leben auf einmal völ-

lig auf den Kopf gestellt wird, darf man vor allem nie aus
den Augen verlieren, dass all die Aufmerksamkeit, der
Glitzer und das Geld (sofern welches im Spiel ist) letztlich
nichts damit zu tun haben, *warum* man dort gelandet ist.
Erfolg hängt niemals an einer einzelnen Person. Besten-
falls können das Handeln und die Errungenschaften Ein-
zelner dazu beitragen, einer Sache zum Erfolg zu verhelfen, für die es viele Menschen und viele Beweggründe
braucht. Es hat nichts mit einzelnen Egos zu tun, sondern
mit überzeugenden Beweggründen. Es kommt nicht darauf an, wer man ist, sondern für was oder wen man sich
einsetzt. Nur die gemeinsamen Bemühungen aller sicht-
baren und unsichtbaren Helfer können dazu beitragen,
dass man für seine eigene Viertelstunde zu seinem persönlichen „Star" wird.

Ich kann für mich sagen, dass mein Leben nach dem Film
ziemlich turbulent, teils total Nerven aufreibend wurde.
Ungefähr eine halbe Million Male bin ich darauf angesprochen worden, wie ich dazu stünde, dass Julia Roberts
mich während ihrer Dankesrede zur Verleihung des Academy Awards mit keinem Wort erwähnte. Und eine halbe Million Mal musste ich über diese Frage lachen. Für
mich war die Preisverleihung an Julia eine Anerkennung
unser aller Arbeit in dem Hinkley-Fall, und der Film hat es
möglich gemacht, *unsere* Botschaft einem größtmöglichen
Publikum zu vermitteln. Daran ändert auch die Tatsache
nichts, dass Julia in ihrer Aufregung vergaß, mich na-
mentlich zu erwähnen. Es macht mir nicht das Geringste
aus. Ich war nicht einmal bei der Preisverleihung, da ich
an jenem Abend lieber zu Hause sein wollte.
     Eine meiner Töchter war krank, und ich wollte sie
nicht allein lassen. Also haben wir uns, wie unzählige an-

dere amerikanische Familien ebenfalls, vor den Fernseher gesetzt und uns die Verleihung ins Wohnzimmer geholt. Dieser Abend gehörte allein Julia Roberts und Steven Soderbergh, dem Regisseur. Und wie stand es mit mir? Mein „Academy Award" waren die Gesichter der Menschen von Hinkley, als sie erfuhren, dass unser Rechtssystem sie wirklich schützt. Mehr „Oscar" brauche ich nicht.

> **Bestenfalls können das Handeln und die Errungenschaften Einzelner dazu beitragen, einer Sache zum Erfolg zu verhelfen, für die es viele Menschen und viele Beweggründe braucht.**

Ich erinnere mich noch daran, als ich zum ersten Mal hörte, dass Julia Roberts mich spielen würde. Steven Soderbergh hatte bereits einige Zeit mit mir zusammen an der Geschichte gearbeitet. Er meinte, er wollte meine Person so genau wie möglich einfangen, meinen Tonfall, meine Gefühle, meine leidenschaftliche Begeisterung für bestimmte Belange. Zwischenzeitlich war Susannah Grant, die Drehbuchautorin, damit beschäftigt, die Geschichte in Form zu bringen, wobei sie einerseits bemüht war, die Geschehnisse im Mittelpunkt zu lassen, und andererseits verhindern wollte, dass der Film unnötig polemisch würde, was normalerweise die Zuschauer vergrault.

Zunächst war es ein Schock für mich, dass Julia mich darstellen wollte. Dann lachte ich laut los. Während der Anfangsphase, als der Film allmählich spruchreif wurde, hatte Ed mich wiederholt gefragt, von wem ich denn gespielt werden wollte. „Ich weiß nicht", antwortete ich, woraufhin Ed eine ganze Liste von Namen herunterleierte, an deren erster Stelle jedesmal Sharon Stone stand.

Das fand ich natürlich absolut lächerlich. Außerdem fügte er am Ende regelmäßig hinzu: „Hauptsache, es wird nicht Julia Roberts." Er meinte das selbstverständlich nicht persönlich. Immerhin war er ja auch derjenige, der mir nichts zugetraut hatte, bis er mich näher kennen lernte.

Deshalb möchte ich an dieser Stelle nochmals nachdrücklich feststellen, dass Julia meiner Meinung nach großartige Arbeit geleistet hat. Weil sie mich so glaubhaft darstellte, behaupten heute viele Leute, wir sähen uns tatsächlich ähnlich. Ich fasse das nicht nur als Kompliment für mich auf, sondern vor allem für ihre schauspielerischen Fähigkeiten.

Bei der Filmpremiere war ich dabei. Das dürfte einer der aufregendsten Abende meines Lebens gewesen sein. Die Zeit unmittelbar davor fand ich die Spannung schier unerträglich. Schließlich hatte ich keinen Schimmer, was es für ein Gefühl sein würde, meine Geschichte auf einer gigantischen Leinwand zu sehen. Glücklicherweise hatte ich vorher genügend Zeit, mein Ego etwas zu zähmen. Immerhin kamen einige Dinge zusammen, die mir reichlich zu Kopfe steigen konnten, wenn ich es zuließe. Das fing schon mit dem Filmtitel an – *Erin Brockovich*. Das war verrückt! Jemand sagte später zu mir, mein Name würde so etwas wie ein feststehender Begriff werden!

Natürlich war mir klar, dass dieser Name in Wirklichkeit gar nicht meiner war. Es war nämlich so: Bei meiner zweiten Scheidung hatte man versehentlich in den Papieren den Passus ausgelassen, nach welchem ich meinen Mädchennamen wiederbekommen würde – *Erin Pattee*. Als ich es bemerkte und zum Gericht ging, um diesen Absatz nachtragen zu lassen, wollten sie dafür zusätzliche 675 Dollar haben, die ich zu jener Zeit nicht besaß. Also dachte ich mir, was soll's, behalte ich den Namen eben. Am Premierenabend musste ich unweigerlich an die Umstände zurückdenken, durch die ich bei diesem Namen geblieben war, was mich wiederum daran erinnerte, dass es nicht in erster Linie um mich persönlich ging, sondern darum, dass eine Frau namens Brockovich es geschafft hat, anderen Menschen zu helfen. Wäre es nach mir gegangen, hätte man den Film ebenso gut *Ed Masry* nennen können (obwohl ich einsehe, dass der wunderbare Albert Finney nicht einmal ansatzweise mit Julias Dekolletee mithalten kann).

Ernsthaft, an diesem Abend konnte ich zwar meinen Kopf davor bewahren, vor lauter Ruhm und Glamour vollständig eingenebelt zu werden, aber ich empfand echten Stolz – Stolz auf das, was wir erreicht hatten. Ich hatte etwas Außergewöhnliches geschafft, und das gab mir nun das Recht, mich hinzustellen und zu sagen, ja, ich habe meinen Job gut gemacht. Zwischen all dem Blitzlichtgewirr und den Mikrofonen fiel mir ein, was mein Vater einmal gesagt hatte, als die ganze Sache begann: Die materiellen Gewinne sollten niemals ein Grund für uns sein, irgendetwas zu tun, sondern höchstens eine Nebenwirkung. Und sie sollten in der Rangfolge weit hinter dem Gewinn stehen, den wir aus dem Wissen ziehen, das Leben anderer ein bisschen besser gemacht zu haben.

Demzufolge empfand ich diesen Film als ein absolutes Privileg, das ich genießen durfte. Außerdem war es grandios, sich anzusehen, wie andere Menschen mich wahrnahmen: Eine Blondine mit beeindruckender Oberweite, die in hochhackigen Schuhen und knallengen Bustiers herumläuft und, obwohl sie über keinerlei juristische Bildung verfügt, eine skandalöse Trinkwasserverseuchung aufdeckt, während sie nebenher drei Kinder großzieht – ohne

Mann, dafür mit einem männlichen Kindermädchen. Alles, was recht ist, diese Geschichte ist so verrückt, die hätte man sich nicht einmal in Hollywood ausdenken können!

Selbstverständlich kursierten hartnäckige Gerüchte, dass es mich gar nicht gäbe, dass meine Figur der Phantasie irgendeines umnachteten Produzenten entsprang. Ich denke, das liegt daran, dass über den Fall vorher so gut wie nichts an die Öffentlichkeit gedrungen war. Erst durch den sagenhaften Vergleich und den Film wurde die Presse aufmerksam. Trotzdem war ich sicher nicht der „feste Begriff", zu dem ich anschließend stilisiert werden sollte. Aber mit dem Kinostart des Films änderte sich alles. Am nächsten Tag trudelten bei mir über dreihundert Interview-Anfragen ein. Diese enorme Zahl fand ich überwältigend. Es schienen also doch nicht alle zu glauben, dass ich eine erdachte Figur war.

Ironischerweise wurde ich durch diesen Film, der mich berühmt machte, zu einer repräsentativen amerikanischen Persönlichkeit, deren Ruhm doch darin gründete, dass ich das amerikanische Unternehmertun attackiert hatte. Für Steven Soderbergh hatten die sozialen Aspekte des Films immer im Vordergrund gestanden, und er wusste, er müsste die Geschichte nur richtig erzählen, damit sie sowohl politische als auch emotionale Wirkung hätte. Er hatte Recht, und ich bin sicher, dass die Menschen mich irgendwann vergessen haben werden, doch die eigentliche Botschaft des Films wird noch lange Zeit in ihren Köpfen bleiben.

Außerdem dürfte meinem Mann Eric *Ellis* endgültig der Kragen platzen, wenn er auch nur noch ein weiteres Mal mit „Mr. Brockovich" angesprochen wird oder ihn jemand fragt: „Sind Sie dieser Motorradheini?"

Bis zum Premierenabend, der einer der größten Filmstarts war, die Universal jemals veranstaltet hatte, hatte ich zwanzig Pfund abgenommen und passte nicht mehr in das Kleid, das ich mir für diesen Anlass ausgesucht hatte. Stattdessen musste ich eines meiner älteren Kleider anziehen, dessen Rückenausschnitt beinahe bis zum Po ging und das vorn knapp meinen Busen bedeckte. Es hatte ganz hinten in meinem Kleiderschrank gehangen. Da es an dem Abend sehr warm war, fand ich es absolut perfekt. Nachdem ich fertig war, fuhren Eric und ich los.

Ich war so entsetzlich nervös, dass ich unentwegt an seinem Ärmel zupfte und ihn fragte: „Was, wenn niemand hinkommt? *Was, wenn niemand hinkommt?*" Eric versuchte, mich zu beruhigen, aber es war aussichtslos. Als wir ankamen, wartete Steven auf uns, um uns zu begrüßen. Wir stiegen aus dem Wagen, und ich blickte in ein Meer von Gesichtern. Überall waren Menschen, Fernsehteams von *Access Hollywood, Entertainment Tonight* und allen möglichen anderen großen Shows waren dort. Dann bemerkte ich den roten Teppich, der nicht auf geradem Weg ins Kino führte, sondern einen weiten Bogen machte, damit die Leute und die Presse mehr davon hatten. Ich fasste es nicht! Irgendwann auf unserem Weg flüsterte Steven mir ins Ohr: „Wie geht es dir?"

Ich hätte ihm am liebsten gesagt, dass mein Feldzug gegen PG&E ein Spaziergang gewesen war gegen das hier! Ich weiß noch, wie unangenehm es mir war, die ganze Zeit fotografiert zu werden. Dann rief jemand: „Erin Brockovich ist hier!" Und nun ging es erst richtig los. Ich war mitten in der Höhle der Medienlöwen gelandet. Von überall her stürmten die Leute auf mich ein, und ich hatte das Gefühl, ich würde es nie bis zum Eingang schaffen. Mikrofone und Kameras wurden mir direkt

vors Gesicht gehalten. Um mich herum tobte ein wildes
Blitzlichtgewitter. Wenn es so etwas wie ein Aschenputtel-
syndrom gibt, dann machte ich es in diesem Moment
durch!

Nach einer halben Ewigkeit war es endlich so weit,
dass der Film anfangen sollte, und man führte mich in
den voll besetzten Kinosaal. Ich ließ mich erleichtert in
meinem Sitz fallen und wartete, dass die Lichter ausgin-
gen. Dann durfte ich mir zwei Stunden lang die letzten
zehn Jahre meines Lebens auf der Leinwand ansehen –
zwei Stunden, während derer ich ganz und gar fasziniert
war von der wunderbaren Julia Roberts!

Dieser Abend war wirklich sensationell. Mein Leben
lang hatte ich das unbestimmte Gefühl gehabt, mir könnte einmal etwas richtig Gutes passieren, dass auf mich eine richtige Aufgabe wartete, ein Schicksal, dass ich eines
Tages irgendwo angelangen sollte, wo ich endlich „jemand" sein würde. Als ich jünger war, hatte ich geglaubt,
meine Erfüllung läge im Modelsein oder in der Schau-
spielerei, aber das waren nichts als Teenagerträume. In
Wahrheit war ich lange Zeit sehr verloren gewesen und
hatte keinen Bezug gehabt zu den moralischen Wurzeln,
die mir mitgegeben worden waren. Erst ganz langsam,
und recht spät, mauserte ich mich von einer abgebrann-
ten, allein erziehenden Mutter zu einer 2,5 Millionen
Dollar schweren Frau, deren Erfolg die Story zu einem
großen Kinofilm liefern sollte und die Vorträge über ihre
„einzigartigen Erfahrungen" abhielt, bei welchen selbst
der allerletzte Stehplatz noch besetzt war.

Am besten gefällt mir daran, all die vielen Menschen
zu treffen. Besonders beeindruckt war ich von meinen
Vorträgen an verschiedenen Universitäten. Es gibt unzählige junge Leute, die auf der Suche nach der richtigen

Aufgabe für sich sind, nach beruflicher Selbstverwirklichung und dem wahren Glück. Diese jungen Menschen wollen etwas bewegen, das erlebe ich immer wieder. Ich erhalte hunderte von Anrufen von jungen Leuten, die um die achtzehn oder jünger sind und die nichts weiter wollen, als ein paar Minuten mit mir reden und sich bei mir bedanken. Das ist für mich übrigens ein „Gewinn", wie man ihn sich großartiger kaum vorstellen kann.

Ich spreche auch sehr gern vor Frauengruppen, weil es mir zeigt, wie viele Frauen es da draußen gibt, die die nötige Kraft und die Fähigkeit haben, jene Erwartungen bei weitem zu übertreffen, die man in sie gesteckt hat. In meinen Vorträgen geht es nicht um bestimmte Fälle, um irgendwelche Chemikalien oder Richter oder Ähnliches. Ich konzentriere mich in erster Linie auf meine Vorstellung vom Glauben an sich selbst. Beispielsweise habe ich in dem Hinkley-Fall gesehen, wie alles, was ich jemals gelernt hatte, gröbstens missachtet wurde. Es war eine Riesenlüge inszeniert worden, die nur dazu diente, die Würde und die Gesundheit dieser Familien zu zerstören. Mein Wunsch, diesen Menschen zu helfen, hatte mich dahin gebracht, dass ich meine eigene Würde wieder entdeckte. Ich lernte etwas neu, was ich die ganzen Jahre gewusst, aber nie genutzt hatte. Sobald ich all das, was ich von frühester Kindheit an beigebracht bekommen hatte, auf die Leute in Hinkley anwandte, fügten sich die Teile meines Lebens wie ein Puzzle zusammen. Und genau das ist es, was ich meinen Zuhörern erzähle. Für mich sind diese Vortragsreisen von unschätzbarem Wert.

Je länger ich toure, umso mehr muss ich daran denken, wo ich angefangen habe. Je müder und erschöpfter ich durch das ständige Unterwegssein bin, umso deutlicher spüre ich die Kraft in mir, die ich aus meinen Überzeugungen gewinne. Und wenn ich zwischendurch einmal richtig erschlagen bin, wenn mir all die Aufmerksamkeit der Leute zu viel wird oder ich in Panik gerate, weil es einfach kein Ende zu nehmen scheint – immerhin ist seit dem Filmstart über ein Jahr vergangen, und die Anfragen reißen nicht ab, sondern werden eher mehr, genauso wie die Anrufe –, dann setze ich mich irgendwo ganz allein hin, sei es in einem Hotelzimmer unterwegs oder in meinem Schlafzimmer zu Hause, mache mir einen Tee, schalte den Fernseher aus *und führe ein richtig langes Selbstgespräch.* Das bringt mich wieder zurück zu der Erkenntnis, dass der momentane Jubel und Trubel nur eine Art Zuckerguss ist, unter dem sich ein *echter* Mensch verbirgt, der *Erin* heißt. Und dann kann ich mir sagen, dass die Dinge, die für mich wirklich zählen – Liebe, eine intakte Familie, Ehrlichkeit und Integrität –, mit Hinkley, dem Film oder den Vortragsreisen weder angefangen haben, noch damit enden werden. Diese „Begleiterscheinungen" haben nur zu Tage befördert, was immer da gewesen ist und für immer da sein wird, auch wenn sich morgen das nächste Hindernis in meinen Weg stellen sollte.

Auf diese Weise behalte ich eine klare Perspektive (und einen klaren Kopf). Es hilft mir, mit all den Dingen umzugehen, die mir begegnen, und ich bewahre mir so meinen Sinn für Humor, wenn es zwischendurch besonders verrückt zugeht, etwa wenn mir der *Playboy* eine wahnwitzige Geldsumme anbietet, falls ich mich von ihnen nackt fotografieren lasse. Ich habe abgelehnt. Ich sehe mich einfach nicht als „Playmate des Monats". Für mich ist die ungebrochene Aufmerksamkeit, die ich allerorten genieße, ein Zeichen dafür, dass mein Handeln und meine Arbeit etwas bewirkt haben, und das ist für mich Grund genug weiterzumachen.

Ich kenne einige Frauen, allesamt unverheiratet, die jede Woche mit einem anderen Typen ausgehen. Sobald er sie nicht wieder anruft, ziehen sie fürchterlich über ihn her, schimpfen, was ihnen an ihm alles nicht gepasst hat, und behaupten, er wäre sowieso nicht „ehetauglich" gewesen. Meine Reaktion ist jedes Mal dieselbe: Ist es allein *sein* Fehler? Haben nur die *Kerle* Schuld an den Problemen? *Hallo?* Seht euch doch mal selbst an. Vielleicht liegt das Problem überhaupt nicht bei ihnen. Vielleicht liegt es viel näher, als euch lieb ist. Es ist nämlich verdammt schwierig für jemanden, euch zu mögen, so lange ihr euch selbst nicht sonderlich gut ausstehen könnt.

Was ist eigentlich aus der guten alten Methode geworden, andere durch Freundlichkeit zu beeindrucken, durch klare Prinzipien, dadurch, dass man als eine integre und ehrliche Person auftritt? Ich denke, das kann einem weit mehr einbringen, als in einem

> **Es ist mehr als schwierig für jemanden, einen anderen zu mögen, so lange dieser sich selbst nicht sonderlich gut ausstehen kann.**

Hochglanzmagazin den nackten Po zu zeigen. War das Angebot verlockend? Klar. Ich werde mich hier nicht selbst zur Heuchlerin machen und es leugnen. Aber ich habe drei Kinder, auf die ich Rücksicht nehmen sollte. Und dann wäre da noch die Kleinigkeit mit der *Selbstachtung*, die ich mir während der vergangenen Jahre mühsam zurückerobert habe.

Wie ich heute meine Zeit ausfülle

So also lebe ich mein Leben weiter. Ich arbeite nach wie vor in der Kanzlei, wo ich zahlreiche Anrufe von Anwälten, Richtern, Studenten und juristischen Arbeitsgruppen erhalte, die mich zu dem befragen wollen, was ich gemacht habe. Meine Antwort fällt zumeist ziemlich gleich aus. Ich kann niemandem beibringen, was ich selbst nie gelernt habe. Meine Erfahrungen in dem Hinkley-Fall stehen und fallen damit, wer ich bin, und nicht, was ich studiert habe. Und ich denke nicht, dass das Gesetz ausschließlich in Schwarz-Weiß-Kategorien anzuwenden ist oder es um das starre Festhalten an Regeln geht, sondern vielmehr leidenschaftliches Engagement den Ausschlag gibt. Meine Arbeit hat mir gezeigt, was Anwälte leisten können, um diese Welt ein klein wenig besser zu machen.

In gewisser Weise habe ich durch den Fall mein Vertrauen in Anwälte zurückgewonnen, ebenso wie ich den Glauben an mich selbst wieder gefunden habe. Was immer ich anderen raten kann, geht weit über das hinaus, was in Gesetzestexten steht. Wir alle, nicht nur die Anwälte, sollten uns darauf besinnen, dass wir in erster Linie menschliche Wesen sind. Reden wir also nicht überheblich über andere. Versuchen wir doch lieber, uns von unserem Sockel hinunter zu bewegen und uns in die Lage des armen Mannes zu versetzen, der krank geworden ist, der vielleicht einen lieben Menschen verloren hat, der nicht länger arbeiten und seine Familie ernähren kann. Stellen wir uns vor, wir wären er, und kämpfen wir mit derselben Inbrunst um sein Recht, wie wir um unseres kämpfen würden. Ich habe mir mehr als einmal von Anwälten anhören dürfen, ich sollte den Fall nicht so „emotional" angehen, sollte nicht „übertreiben". Manchmal sagte man mir sogar: „Das kann nicht wahr sein." Mich hat es regelmäßig auf die Palme gebracht, das zu hören. Es entspricht genau jener Form widerlicher Arroganz, die ich noch nie ausstehen konnte. Sollen sie doch mal machen, was ich gemacht habe. Wenn sie dasselbe für diese Leute empfinden können, was ich für sie empfand, lernen sie endlich wieder, sich selbst zu fühlen. Man sollte immer daran denken: Wie man in den Wald hineinruft, so schallt es heraus. Wer keinen Respekt vor seinen Mitmenschen hat, kann von ihnen auch keinen erwarten. Ich kann nur sagen, ich spreche aus Erfahrung.

Und all den werdenden Anwälten möchte ich raten: Macht es um Gottes willen nicht einzig wegen des Geldes. Wer diesen Beruf wirklich aus Überzeugung machen will, dem kann ich an dieser Stelle bestätigen, dass ein eklatanter Mangel an Anwälten herrscht, die sich freiwillig auf den Weg machen zu den Mandanten ohne Lobby, zu den Verlorenen und Vergessenen. Falls jemand wissen möchte, was ich über das Gesetz weiß, kann ich ihm wärmstens empfehlen, sich diese „unattraktiven" Mandanten genau anzusehen. Durch sie kann man alles lernen, was man wissen muss.

Jedes Mal, wenn mir ein Fall angeboten wird, der mich wirklich bewegt, kann ich nicht anders, als mich hineinzustürzen – ganz gleich wie prall gefüllt mein Terminkalender schon ist. Gegenwärtig arbeite ich an diversen Fällen, wovon mindestens fünf Verfahren noch eine Weile laufen werden. Im ersten Monat nach dem Filmstart hatten wir 100.000 Anfragen auf der Masry-Vititoe-Website, bei denen es um möglicherweise verseuchte Wohngebiete ging. Bis heute bekommen wir hunderte E-Mails und Briefe. Es ist traurig, wie viele Menschen es gibt, die Hilfe und Zuspruch brauchen, um die enormen Hindernisse zu überwinden, die ihr Leben bedrohen.

*   *   *

Hoffentlich kann der Hinkley-Fall jenen Halt bieten, die sich in vergleichbarer Situation befinden. Ich will hier niemandem etwas vormachen: Schlimme Dinge passieren immer und überall, und längst nicht alle Prozesse gehen so aus wie dieser. Aber vielleicht kann das, was wir getan haben, anderen helfen, *genügend an sich selbst zu glauben, um etwas bewirken zu wollen.* Dann würde ich wissen, dass ich für eine gute Sache gekämpft habe, und ich könnte wirklich stolz sein auf das, was ich erreicht habe.

Ich möchte mich auch weiterhin politisch engagieren, weil ich der Ansicht bin, dass unsere Umweltprobleme sich nicht durch „kosmetische" Lösungen bereinigen lassen. Und ich möchte verhindern helfen, dass unsere Regierung uns Umweltschäden hinterlässt, die uns noch weitere fünfzig Jahre zu schaffen machen werden. Dafür müssen viele Menschen zusammenkommen, die auf Gesetzesebene aktiv werden, und ich werde dabei sein.

Darüber hinaus arbeite ich an einigen Fernsehprojekten. Eines davon orientiert sich an einer sehr erfolgreichen britischen Serie, *Challenging Annica*[*], und ich soll darin die amerikanische Version der britischen Annica verkörpern. Es handelt sich dabei um eine Serie mit jeweils abgeschlossenen Folgen, in denen wir uns bestimmter Herausforderungen annehmen und mit Hilfe von großen gemeinnützigen Organisationen und Stiftungen, aber auch einzelnen Leuten versuchen, sie zu meistern. Ich halte es für eine gute und durchaus reizvolle

---

[*] „Eine Herausforderung für Annica", *Anm. d. Übers.*

Variante der „Reality Shows", die derzeit so ungemein beliebt sind. Hier geht es endlich mal nicht darum, dass irgendein Kandidat um einen Preis kämpft, sondern um Hilfe für diejenigen, die uns wirklich brauchen. Der Preis, den es bei uns zu gewinnen geben wird, besteht in der Befriedigung, Menschen geholfen zu haben, die sich nicht selbst helfen können.

Ich werde auch weiterhin Vorträge halten, um meine Geschichten zu erzählen und meine Botschaft zu vermitteln, denn ich wünsche mir, all die Leute zu erreichen, die sich kraftlos fühlen. Vielleicht kann ich ihnen einen Weg zeigen, wie sie ihre innere Kraft wieder finden können, um die Hürden zu überwinden, die sich in ihrem Leben auftürmen. Ich möchte so vielen Menschen wie möglich den Rat geben, weiterzumachen, durchzuhalten, damit sie sich am Ende als Sieger fühlen können! Und wenn es mir bei nur einem Einzigen gelingt, ihn oder sie zu überzeugen, dass sie ihr Leben nicht nach antiquierten Regeln ausrichten, sondern besser für sich selbst überlegen sollten, welche Werte ihnen wirklich etwas bedeuten – dann hat sich meine Mühe bereits gelohnt. Ich denke dabei ebenso an den Erwachsenen, der sich für eine gute Sache einsetzt, wie auch an das Kind, das nicht in die Schülerband aufgenommen wird, weil es lieber Trompete statt Gitarre spielt! Dieses Kind wird sich ausgestoßen fühlen, wird verletzt sein und den Glauben an sich selbst verlieren, wenn es niemanden findet, der sich mit ihm anfreundet, ihm Mut macht und ihm sagt, dass es ein Recht auf seine eigene Persönlichkeit hat. Genau das nämlich fehlt so vielen von uns, und so wird ein gewaltiger Schaden angerichtet, der in unserer frühesten Kindheit beginnt und die meisten von uns bis weit ins Erwachsenenalter hinein begleitet. Es mag paradox klingen, aber der

Ausweg führt über den Weg nach Innen. Denn: Man ist niemals zu alt oder zu jung, um sich auf sich selbst zu besinnen – die Dinge zu tun, die man gut kann und gern tut, egal wie großartig oder wie unbedeutend sie erscheinen. Der Schlüssel zum Erfolg liegt in der Beharrlichkeit, mit der man sich das nötige Selbstvertrauen erkämpft, um *an sich selbst zu glauben*!

Und an meinem Beispiel können alle sehen, dass es funktioniert. Wenn ich es schaffen kann – und ich habe es geschafft! –, können Sie es auch. Reden Sie mit sich selbst einmal Tacheles. Sehen Sie in den Spiegel und beobachten Sie Ihren Gesichtsausdruck, wenn Sie sich selbst davon zu überzeugen versuchen, wer Sie sind.

*   *   *

Ich bin Erin Brockovich. Meine Schulzeit war für mich eine einzige Quälerei. Ich bin Legasthenikerin. Ich bin zweimal geschieden und jetzt zum dritten Mal verheiratet. Bei mir hat sich der Spruch „Alle guten Dinge sind drei" bewahrheitet. Ich habe drei Kinder, die ich größtenteils ohne Unterhaltszahlungen ihrer Väter großgezogen habe. Ich habe mich in meinem Leben schon so allein gefühlt, dass ich in einer Ecke hockte und zitterte. Ich hatte häufiger panische Angst und war oft furchtbar traurig. Ich litt an Magersucht und Panikattacken. Ich war sehr arm, aber auch sehr reich. Ich habe mein Leben lang nach etwas gesucht, das mich wirklich ausfüllt.

Ich bin Erin Brockovich. Ich habe die Kraft, die Überzeugung und den moralischen Rückhalt in mir, um wirklich ich selbst zu sein.

Und Sie sind …? Lassen Sie es uns gemeinsam versuchen!

11.

Erins Kurzanleitung, wie man es im Leben schaffen kann

In diesem Kapitel möchte ich ein paar Dinge aufzählen, anhand derer ich gelernt habe, mit den Hindernissen in meinem Leben zurechtzukommen. Genau genommen handelt es sich um eine Kurzanleitung dafür, wie ich mein Leben in den Griff bekommen habe. Jeder dieser Punkte geht die Herausforderungen, mit denen wir alle konfrontiert werden, aus einer anderen Perspektive an. Da geht es zunächst einmal um den rein äußerlichen Aspekt, das Problem zu isolieren, herauszufinden, wie es zu diesem Hindernis kommen konnte, und einen Weg zu finden, wie man es meiden kann. Zugleich aber richtet sich die Perspektive nach innen. Wir müssen erkennen, wie wir auf ein Hindernis *reagieren* und was in uns zulässt, dass es zu einem Hindernis wird, welche Schwächen wir haben, die es nähren. Wenn wir das wissen, können wir unsere eigene Angriffsstrategie entwickeln.

Im Wesentlichen besteht meine Kurzanleitung in Denkübungen, die mir geholfen haben, meinen Kopf und mein Herz, meinen Verstand und meine Bedürfnisse, meine Ziele und meine Träume auf dieselbe Wellenlänge zu bringen. Lesen Sie sie, versuchen Sie daraus zu lernen, benutzen Sie sie nach Bedarf als Schutzschild oder als Waffe, und Sie werden klarer sehen, wer Sie eigentlich sind, warum Sie die Dinge tun, die Sie tun, mit welchem Verhalten Sie Erfolg haben und welches Sie davon abhält, oder wo die eigentlichen Hindernisse sind, die Ihren Weg zum Erfolg blockieren.

Natürlich tragen all diese Ratschläge nicht dazu bei, sämtliche Probleme der Welt zu lösen, aber sie können eventuell dabei helfen, dass Sie die Probleme Ihrer Welt lösen können. Viel Glück bei Ihren Bemühungen. Und vergessen Sie nicht, *ich bin auf Ihrer Seite.*

> **1. Wenn mein Herz, mein Verstand und mein Gefühl nicht in Einklang sind, läuft in meinem Inneren etwas schief, und bevor ich das nicht im Griff habe, werde ich keine innere Harmonie finden.**

Häufig missverstehen wir die Signale, die unsere Gefühle uns geben. Wir nehmen Dinge persönlich, die mit unserer Person eigentlich nichts zu tun haben, oder aber wir gehen Situationen *unpersönlich* an, die wir uns besser „zu Herzen nehmen" sollten. Sobald wir gelernt haben, diese Missverständnisse zu vermeiden, können wir unsere Reaktionen an die jeweiligen Gegebenheiten anpassen und klarer erkennen, welche Lösungswege wir einschlagen sollten. Ich werde oft gefragt, ob mein Engagement im Hinkley-Fall eher beruflich oder persönlich motiviert war.

Die Antwort: Wahrscheinlich war es beides, wie es bei den wirklich wichtigen Herausforderungen normalerweise immer der Fall ist. Was mir half, meine Ziele klar vor Augen zu behalten, war zunächst meine *Identifikation* mit den Opfern, aber zugleich eben auch die Nutzung meiner rechtlichen Möglichkeiten. Ich bin den Fall also aus zwei unterschiedlichen Perspektiven angegangen, wodurch ich verhindern konnte, dass mein Mitleid und meine Wut einen negativen Einfluss auf die Effizienz meiner Recherche ausübten. Das funktioniert allerdings nur, wenn Bauch und Kopf nicht gegeneinander arbeiten, sondern zusammen. Indem wir unsere Reaktionen auf Hindernisse oder Herausforderungen aufschlüsseln, erkennen wir, welcher Teil von uns für welchen Aspekt des Problems zuständig sein sollte. Dadurch können wir genau abwägen, wo unsere moralischen Grundsätze und unsere Gefühle ins Spiel kommen und wie wir sie durch unsere intellektuellen Fähigkeiten stärken.

Bei Beziehungskonflikten ist diese Koordination besonders wichtig, weil wir hier allzu leicht unsere Gefühle die Regie übernehmen lassen. Sie aber versperren uns den Blick für die Lösungen, die uns den Weg zu lebenslangem Glück mit dem richtigen Partner ebnen.

---

2. Die Lüge ist wie ein Krebsgeschwür, das die Gefühle befällt. Es breitet sich in unserem Kopf aus und tötet unsere Seele.

Oft glauben wir, dass Lügen nicht schlimmer ist, als mit sich selbst „Scherze zu treiben". Das ist ungefähr so irrwitzig, als wollten wir einen bösartigen Tumor ein „gutartiges Muttermal" nennen. Wann immer wir jemand anderen belügen, belügen wir auch uns selbst.

Irgendwann verselbstständigt sich unsere Lüge und wird zur Wahrheit, die wir erschaffen haben. Es setzt ein Zerstörungsprozess ein, der unsere moralischen Grundwerte, unsere Redlichkeit und unsere Integrität vernichtet. Am Ende sind es nicht mehr äußere Hindernisse, die sich uns in den Weg stellen, sondern wir sind selbst zu unseren größten Hindernissen geworden.

Versuchen Sie einmal, einen Tag lang ohne die kleinste Lüge auszukommen. Benutzen Sie diese Erfahrung als Sprungbrett, von dem aus Sie sich zu einer höheren Ebene von Ehrlichkeit aufschwingen. Der Lohn der Anstrengung wird darin bestehen, dass Sie nach der Wahrheit in sich selbst suchen, sich selbst erkennen und entsprechend klarer sehen, wie Sie die Probleme angehen sollten, um deren Lösung es Ihnen geht.

3. Wer etwas gern tut, macht es auch gut.

Was ist der Unterschied zwischen Talent und Fähigkeit? *Motivation.* Man sollte lieber versuchen, der Beste in dem zu sein, was einem liegt, als der Beste von allen sein zu wollen. *Begeisterung* ist es, was uns antreibt. Fertigkeiten ohne Talent haben keinen Bestand gegenüber Fähigkeiten, die mit Begeisterung eingesetzt werden. Ganz gleich, was die anderen sagen, denken oder tun, wir sollten unser Leben dem widmen, was uns begeistert. Unsere Karriere sollte sich an dem ausrichten, was uns gefällt. Meist staunt man selbst, wie gut man darin bereits ist.

Als ich begann, im Verkauf zu arbeiten, entdeckte ich meine Fähigkeit, andere Menschen dazu zu bringen, mir zuzuhören, und sie zu überzeugen. Durch diese Erfolgserlebnisse wurde mir klar, dass ich ein Talent zum Kommunizieren hatte. Ob ich es konnte, weil es mir gefiel, oder ob es mir gefiel, weil ich es konnte, ist unerheblich. Wichtig ist, dass es mir gefiel *und* ich es konnte. Diese beiden Voraussetzungen müssen immer erfüllt sein, wenn man erfolgreich sein will.

4. Bleiben Sie realistisch.

Nicht alle von uns sind zum Teamchef geboren. Wir sind unterschiedliche Menschen mit verschiedenen Talenten. Bei manchen sind diese Talente auffälliger als bei anderen, aber jeder von uns kann etwas erreichen. Wer dauernd mehr will, als er kann, schafft am Ende gar nichts.

5. Unser Ego ist unser größter Stolperstein.

Wir sollten uns niemals einbilden, unsere kleinen oder großen Patzer einfach vertuschen zu können, denn damit unterstellen wir, wir wären „schlauer" oder „besser" als alle anderen. Und selbst wenn wir es tatsächlich sein sollten, dann rechtfertigt das noch lange nicht, dass wir anderen ein X für ein U vormachen.

Es gibt nur einen Weg, unsere Glaubwürdigkeit zu stärken und unserem Erfolg näher zu kommen: Indem wir die Bereitschaft zeigen, unser Bestes zu geben – auch wenn das Gelingen unseres Unternehmens dadurch nicht automatisch garantiert ist.

6. Streben Sie nach dem, woran Sie glauben.

Ein intaktes Familienleben, Gesundheit, Ehrlichkeit. An diesen drei Zielen orientiert sich mein Leben. Ich strebe nach dem, woran ich glaube. Ich suche nach der Wahrheit, aber ich würde dabei nie so weit gehen, meine Integrität aufs Spiel zu setzen.

7. Suchen Sie das, was Sie wirklich ausfüllt.

Wir alle suchen nach dem wahren Glück. Allerdings sollten wir aufpassen, wo wir suchen. Wer meint, materieller Reichtum wäre ein Kurzstreckenfahrschein in die ewige Glückseligkeit, wird kaum finden, was er sucht. Suchen Sie nach dem, was Sie wirklich ausfüllt. Lassen Sie sich nicht mit „Objekten" abspeisen, die nichts weiter als kurzfristige Befriedigung verheißen. Wirkliche Zufriedenheit erreichen wir durch unser Handeln, durch unseren

Umgang mit anderen. Und die wahre Befriedigung besteht darin, etwas verändert zu haben.

8. Unsere Kostüme wählen wir selbst.

Warum nicht? Das Leben soll schließlich auch Spaß machen, oder nicht? Und wenn unsere Kostümwahl, also unsere Erscheinung, den anderen nicht behagt, *Pech!*

9. Sprechen Sie mit sich.

Mit sich selbst zu sprechen ist einer der besten Wege, sich kennen zu lernen. Wir wissen doch selbst am besten, welche Dinge uns wirklich wichtig sind, welche Probleme uns am meisten beschäftigen. Sie werden erkennen, dass Sie selbst der beste Zuhörer sind, den Sie auftreiben können. Gehen Sie zum Spiegel, wenn es sein muss, und reden Sie sich alles von der Seele – laut. Sie werden staunen, wie sehr es Ihnen hilft, Ihre unüberwindbar scheinenden Probleme zu bewältigen. Versuchen Sie es. Es funktioniert garantiert.

10. Aus Fehlern lernen.

Sobald wir uns bereitfinden, aus unseren eigenen Fehlern zu lernen, sehen wir plötzlich, dass sie eigentlich keine Fehler waren, sondern Lehren. Wir müssen keine Angst davor haben, dass uns Dinge misslingen, weil dieses vermeintliche Versagen uns dem Erfolg ein Stück näher bringen kann. Versuch macht klug.

11. Ehrlichkeit, Verlässlichkeit, Beharrlichkeit.

Diese drei Eigenschaften sind die wichtigsten Werte überhaupt. Niemals darf die Verfolgung unserer Ziele oder die Erfüllung unserer Bedürfnisse diese Werte korrumpieren. Ohne sie wird jeder Erfolg sinnlos.

12. Eigenliebe stinkt nicht.

Sie sollten sich als der Mensch akzeptieren, der Sie sind, und nicht als der, der Sie irgendwann werden wollen. Hören Sie auf Ihren Kopf und Ihren Bauch, Ihren Verstand und Ihr Gefühl, denn sie machen Ihre Persönlichkeit aus. Sobald Sie sich zu dieser Persönlichkeit bekennen, werden Sie Ihren Platz an der Sonne finden. Sie werden feststellen, dass es Sie schon glücklich machen kann, sich selbst zu akzeptieren.

13. „Jetzt" ist nicht „Irgendwann"!

Während der Erpressungssache hatte ich eine Rechtsanwältin kennen gelernt. Sie hieß Kathleen Drury und war eine tolle Frau, die mir sehr viel Kraft gab. Wir wurden gute Freundinnen. Es ist ungefähr drei Monate her, seit Kathleen meinte, eine Stirnhöhlenentzündung zu haben, die, wie sich herausstellte, in Wahrheit ein Gehirntumor war. Wie ernst es um sie stand, sagte sie niemandem. Sie ließ sich operieren und erzählte uns, der Tumor wäre vollständig entfernt worden. Kurz darauf rief ihre Tochter mich an und sagte mir, dass Kathleen gestorben war. Diese Lektion gehört zweifellos zu den bittersten, die wir in unserem Leben lernen müssen – dass Menschen, die uns lieb und teuer sind, von einem Tag zum anderen nicht mehr da sind. Wir vergessen allzu leicht, wie viel uns andere Menschen bedeuten – und was für ein kostbares Gut ihr und unser Leben ist. Ich fände es schön, wenn dieses Bewusstsein weiter verbreitet wäre. Und ich bin dankbar dafür, Freunde zu haben, die ich aufrichtig lieben kann.

Doch ich lasse mich viel zu oft von meinem eigenen Chaos verschlingen und vergesse darüber, anderen Menschen zu zeigen, wie sehr ich sie mag. Kathleens Tod hat mich auf grausame Weise daran erinnert, was in unserem Leben wirklich zählt. Man muss sich die Zeit nehmen, den geliebten Menschen zu sagen, dass man sie liebt. Man sollte einmal am Tag eine kleine Pause einlegen, sich die Sonne ins Gesicht scheinen lassen und dem Lachen seiner spielenden Kinder lauschen. Warum nicht zwischendurch hinunter ans Flussufer gehen, dem Wasser, dem Wind und den Vögeln lauschen? Hören wir auf die Geräusche, die die Welt um uns herum macht, und sie werden uns auf neue Gedanken bringen. Und wenn man ganz genau hinhört, dann schwingt da unsere innere Stimme mit, unsere Fähigkeit und Kraft, etwas zu verändern.

Glauben Sie mir: Wir können es alle schaffen!

Nachwort der Autorin

Zuallererst möchte ich meiner Mutter, meinem Vater und meiner unmittelbaren Familie danken. Mom und Dad, meine Worte reichen nicht hin, euch zu sagen, wie sehr ich euch liebe. Wie sagt man „Danke schön" für all das, was ihr mir gegeben habt, für das Fundament, das meine Hoffnungen und meine Träume trug, damit ich sie verwirklichen durfte? Ihr habt mir Mut gemacht. Ohne diesen Mut wäre ich heute nicht der Mensch, der ich bin. In meinem Herzen wird es immer einen ganz besonderen Platz für meinen Bruder Tommy geben, das schillernde Licht unserer Familie, das ich so schmerzlich vermisse. Und es gibt natürlich auch einen Platz für meine begabte Schwester Jodie und meinen Bruder Frank, unseren „großen Philosophen". Selbstverständlich sind da auch meine Kinder, Matthew, Katie und Elizabeth, die ich alle drei von ganzem Herzen liebe und dafür bewundere, wie sie all die rauen Jahre mit mir durchgestanden haben. Ich kann nur hoffen, dass ich ihnen ein wenig von dem geben konnte, was meine Eltern mir gegeben haben: die Fähigkeit, an sich selbst zu glauben und auf eigenen Beinen zu stehen. Wir halten zusammen, Kinder. Wir sind ein Spitzenteam, und ihr seid meine Spitzenspieler!

Ich möchte meinem Ehemann Eric danken, der mir in dieser turbulenten Zeit mit Respekt, Liebe und Unterstützung zur Seite stand. Als du zu mir kamst, befand sich mein Leben inmitten einer Windhose, aber du hast nicht ein einziges Mal geblinzelt. Du hast dich aufrecht gehalten, während wir alle durchgerüttelt und beinahe umge-

worfen wurden. Und du hast dich nicht nur meiner angenommen, sondern auch meiner beiden heranwachsen-
den Kinder, denen es zu jener Zeit richtig dreckig ging,
und meiner jüngsten Tochter, die du voller Freude und
Stolz zu deiner kleinen Prinzessin gemacht hast. Außerdem hast du diesen verrückten Filmtrubel wie eine Eins
weggesteckt. Ich liebe dich.

Ich möchte Ed und Joette Masry sowie Jim und Karen
Vititoe danken. Für mich seid ihr alle wahre Helden. Eu-
re Großzügigkeit war schier umwerfend. Ihr vier wart bereit, mit mir das größte Abenteuer meines Lebens durchzustehen, das für meine Kinder und mich so viel verändert hat. Ich kann dir, Ed, gar nicht sagen, was ich für
dich empfinde. Und dir, Jim, werde ich niemals vergessen, dass es alles durch dich erst begonnen hat.

Ich möchte Pamela Dumond danken, der Chiropraktikerin, die meine Geschichte anhörte und meinte, daraus
müsste sich ein Film machen lassen. Du bist eine klasse
Frau, eine gute Freundin und eine wunderbare Chiropraktikerin. Danke, dass du an meinen Geschichten Anteil nahmst!

Ich danke Carla Schamberg, der Produzentin des
Films. Du bist eine tolle Frau und eine große Persönlichkeit. Du hast an mich geglaubt und zu mir gehalten. Dein
Mitgefühl und dein Sinn für Gerechtigkeit sind beispiel-
los. Du bist eine der wenigen Frauen, die alles in sich ver-
einen, was mir immer wichtig und teuer war. Auch allen
anderen bei Jersey Films möchte ich danken, besonders
Michael Schamberg, Carlas Mann, Stacey Sher und
Danny DeVito. Danny, du bist ein fabelhafter Mensch
mit einem ausgeprägten Familiensinn. Außerdem möchte ich Universal Pictures danken, dem legendären Albert
Finney und natürlich der phantastischen Julia Roberts.

Julia, durch deinen Namen wurde dieser Film wahr. Susannah Grant, der Drehbuchautorin, möchte ich sagen: Du bist eine großartige, starke Frau, die weiß, was sie will, und hast eine großartige Familie. Und Steven Soderbergh, dem Regisseur, danke ich. Steven, du bist ein enorm talentierter Regisseur von großer Sensibilität für seine Figuren. Du hast alles erfasst, worum es bei dem Hinkley-Fall wirklich ging. Euch allen danke ich von Herzen, weil ihr Amerika gezeigt habt, dass es da draußen wunderbare Menschen gibt, wie Ed Masry, die ein Unternehmen leiten und dabei menschlich geblieben sind, die verständnisvoll sind und genügend Selbstvertrauen haben, um auch mal einem „Niemand" eine Chance zu geben, an den unbegrenzten Möglichkeiten teilzuhaben – dank euch finden Leute wie Roberta Walker, Lilian Melendez und Chuck Ebersohl die Kraft, sich Gehör zu verschaffen und diese Welt, in der wir leben, ein bisschen besser zu machen. Roberta, ich weiß nicht, wo wir alle heute wären, wenn es dich nicht gäbe. Lilian, du bist ein einzigartiger Mensch. Mein Leben ist besser geworden, weil ich euch kennen lernen durfte. Chuck, ich danke dir.

Ich möchte Kim Redmond danken, die mir wie eine zweite Mutter war, und ihrer Tochter Brynne. Ihr wart meine erweiterte Familie.

Ich möchte meiner lieben Freundin Kathy Brown danken, die ich bewundere und zu den starken, lebensbejahenden Frauen dieser Welt zähle.

Ich möchte Kathy Borseath danken, meiner Lehrerin, die mir durch die Highschool geholfen hat. Sie hat meine Schwierigkeiten erkannt und mich gelehrt, sie zu meistern. Ich bin sicher, dass sie gar nicht ahnt, wie sehr sie mein Leben verändert hat. Und dabei hat sie wesentlich zu meiner Entwicklung beigetragen.

Ich möchte mich auch an Shawn, Steve und Jorge wenden, die sich gewiss eine eigene Meinung zu diesem Buch bilden werden, wenn sie es lesen. Die Geschichte, die ich hier erzähle, ist nicht dazu gedacht, einen von euch zu verletzen. Vielmehr seid ihr alle Teil meiner Geschichte, und meine Erfahrungen mit euch haben mit dazu beigetragen, mich zu dem Menschen zu machen, der ich heute bin.

Ich möchte Chris Newman, Mark Itkin, Betsy Berg und Mel Berger von der William Morris Agency danken. Chris und Mark sind in Beverly Hills, Betsy arrangiert meine Vortragsreisen, und Mel kümmert sich in New York um die literarische Seite des Ganzen. Ich möchte der Agentur danken, dass sie mich mit Marc Eliot zusammengebracht hat, meinem Co-Autoren und Komplizen! Marc, ich halte sehr große Stücke auf dich. Für mich kommst du gleich nach Ed, Eric und meinem Dad. Danke, dass du Stunde um Stunde mit mir in der Sonne gesessen und dir alles angehört hast, was ich zu sagen hatte. Es war ein Riesenspaß, und ich hätte es ohne dich niemals geschafft.

Ich möchte Mary E. Glenn danken, meiner Lektorin bei McGraw-Hill, dass sie an mich geglaubt hat und meine Gedanken und Überzeugungen mit mir teilte. Mary, du hast es möglich gemacht, dass ich meine Ideen vor einem großen Publikum vortragen darf.

Und selbstverständlich danke ich Ihnen, liebe Leser. Sie haben mir zugehört. Viel Glück Ihnen allen!

Anhang

Über die Autoren

Erin Brockovich ist die echte Person, nach deren Geschichte der preisgekrönte Film gedreht wurde. Heute arbeitet sie immer noch in der Anwaltskanzlei, wo sie inzwischen zur Leiterin der Abteilung für Umweltdelikte avanciert ist. Sie wird in zahlreichen Fällen von Giftmüllverseuchung als Beraterin hinzugezogen. Mrs. Brockovich hat bereits mehrere Vortragsreisen absolviert und beteiligt sich derzeit an der Entwicklung einer neuen Fernsehtalkshow. Sie lebt in Los Angeles, Kalifornien.

Marc Eliot schreibt für die *New York Times* und ist Autor mehrerer Bestseller und namhafter Biographien; hierzu zählen u.a. *Down 42nd Street, The Whole Truth, Death of a Rebel, Down Thunder Road* und *Rockonomics*. Er fungierte als Co-Autor für Barry White, Vicki Lawrence, Roy Clark und andere. Mr. Eliot lebt abwechselnd in Hollywood und New York City.

Und dann wären da noch ... die Delfine

Sie fragen sich gewiss, warum sie immer wieder auftauchen. Ich liebe Delfine. Sie symbolisieren nicht nur reines Wasser und eine gesunde Umwelt, sondern für mich stehen sie auch für Freiheit, Liebe, Respekt, Kommunikationsfähigkeit und den Wunsch, einander zu schützen und füreinander einzutreten. Delfine schwimmen in

Gruppen und bilden große Familien – Brüder, Schwestern, Cousins, Cousinen. Mich erinnert das an ein altes Sprichwort: „Ein Kind großzuziehen, braucht es ein ganzes Dorf." Delfine organisieren ihre Gemeinschaften wie dieses sprichwörtliche Dorf. Wenn eine Delfinmutter krank wird, kümmert sich eine Schwester oder eine Tante aus der Gruppe um ihr Kind. Das finde ich toll! Ich bewundere sie. Sie sind überaus intelligent, doch wir verstehen sie leider nicht. Ich denke, ihre Seele spiegelt sich in ihren Augen, und ich habe das Gefühl, mich in diesen Augen wiederzufinden.

Stichwortverzeichnis